新时期高校德育教育创新发展研究

王珊珊　著

黑龙江科学技术出版社

图书在版编目（ＣＩＰ）数据

新时期高校德育教育创新发展研究 / 王珊珊著. --
哈尔滨：黑龙江科学技术出版社, 2023.6
ISBN 978-7-5719-2036-4

Ⅰ. ①新… Ⅱ. ①王… Ⅲ. ①高等学校－德育工作－
研究－中国 Ⅳ. ①G641

中国国家版本馆 CIP 数据核字(2023)第 104820 号

新时期高校德育教育创新发展研究

XIN SHIQI GAOXIAO DEYU JIAOYU CHUANGXIN FAZHAN YANJIU

作　　者　王珊珊
责任编辑　回　博
封面设计　顾　空
出　　版　黑龙江科学技术出版社
　　　　　地址：哈尔滨市南岗区公安街 70-2 号　邮编：150001
　　　　　电话：（0451）53642106　网址：www.lkcbs.cn
发　　行　全国新华书店
印　　刷　哈尔滨市石桥印务有限公司
开　　本　880 mm × 1230 mm　　1/16
印　　张　7.5
字　　数　170 千字
版　　次　2023 年 6 月第 1 版
印　　次　2023 年 6 月第 1 次印刷
书　　号　ISBN 978-7-5719-2036-4
定　　价　45.00 元

PREFACE

前 言

　　德育是高校教育教学体系的重要组成部分，是高校学生综合素养形成的前提。随着社会的快速发展，高校德育面临着新的挑战，在此情况下，创新传统德育内容与形式成为现阶段高校德育工作的关键。为了适应当前教育形势的新变化，破解教育领域面临的新问题，必须加快推进教育治理体系和治理能力现代化。

　　当今世界是一个开放的世界，改革开放是我国新时期最鲜明的特点。当前，全球化、信息化和现代化等趋势使高校德育理论研究和实践发展不断面临新形势、新情况和新课题。当下，高校德育的价值导向既要符合社会发展的现实需要和个人人格成长的规律，同时也应以更加开放的视角去拓展德育未来的发展方向。尤其值得注意的是，经济转轨、社会结构转型以及由此引起的思想文化领域的相互激荡已使得多元化成为现代社会的一种事实和价值存在。在多元化社会，包容多样和寻求共识的统一、主导与差异价值取向的共存是德育面临的新困境。

　　本书以高校德育创新与发展为研究对象，紧密结合当前我国高校德育的实际情况，以高校德育创新为入手点，分别从高校德育的内涵、机制、理念、方法等几个方面的创新角度进行了详细论述，并进一步提出了高校德育在创新理念下的发展建议。

作者简介

　　王珊珊，辽宁省阜新市人，经济学硕士，毕业于日本东北大学经济学研究科马克思主义政治经济学研究室，现为内蒙古科技大学马克思主义学院讲师，所讲授课程在 2020 年获批内蒙古自治区一流课的认定，目前在研省部级课题一项，近年来在国内期刊发表论文 10 篇，参编《马克思主义经典作家论文化》。

　　独著《新时期高校德育教育创新发展研究》一书，本书为内蒙古自治区高等学校科学研究项目思政专项（NJSZZX2045）研究成果。

目 录

第一章 新时期高校德育创新的基础认知

第一节 新时期高校德育的内涵和地位

一、"德育"一词的由来及其内涵

"德育"是近代才出现的概念和名词。德国哲学家康德（I.Kant）在十八世纪七八十年代的教育学讲座中，把遵从道德法则培养自由人的教育称为"moralische Erziehung"。英国学者斯宾塞（H.Spencer）出版《教育论》，使"智育""德育（moral education）""体育"逐渐成为教育界的基本概念和常用术语。

十九世纪的法国教育家赫尔巴特认为："教育的唯一工作与全部工作可以总结在这一概念之中——道德。""道德普遍地被认为是人类最高目的，因而也是教育的最高目的。"

"德育"一词于二十世纪初传入我国。王国维发表《叔本华之哲学及其教育学说》，介绍叔本华的"德育"与"知（智）育""美育"思想；而后，又发表《论教育之宗旨》，将"德育""智育""美育"合称为"心育"，与"体育"相提并论，论述身心和谐的教育宗旨。

蔡元培发表《对于新教育之意见》，主张"军国民教育""实利主义教育""公民道德教育""世界观教育""美感教育"等五育并举；在其影响之下，当年，国民政府颁布了"注重道德教育，以实利主义教育、军国民教育辅之，更以美感教育完成其道德"的教育宗旨。"德育"一词从此成为我国教育界通用的术语。

二、党和政府对高校德育的重视

近年来，我国教育部会同中组部、中宣部已经连续多次召开全国高校党的建设工作会议和全国高校思想政治工作会议，交流经验，研究问题，采取措施，使高校德育工作得到加强。

切实加强和改进大学生思想教育工作，培养造就千千万万具有高尚思想品质和良好

道德修养、掌握现代化建设所需要的丰富知识和扎实本领的优秀人才，使大学生们能够与时代同步伐、与祖国共命运、与人民齐奋斗，这对于确保实现全面建成小康社会，确保实现中华民族伟大复兴具有重大而深远的战略意义。

三、正确认识"高校德育首位"论

学校教育要坚持育人为本，德育为先，把人才培养作为根本任务，把思想教育摆在首要位置，主要原因如下：

（一）中国特色社会主义的性质要求

学校把德育放在首要位置是有阶级性的。古今中外，各个社会中占统治地位的阶级都按本阶级的政治需要，把德育教育放在学校教育的首要地位，把代表统治阶级的政治信仰、思想意识、价值观念内化为一代新人的素质，都是为了"育新人、取民心、得天下"。因为只有这样，才能造就本阶级所需要的人才，以维持和巩固其社会制度，所不同的是，不同阶级实行不同的德育教育而已。

我们社会主义国家的教育，是社会主义培养各种专门人才的事业。社会主义的经济和政治决定了社会主义教育的性质、目的、制度、方针和教育的思想政治内容。社会主义教育的目的，是培养社会主义事业所需要的各类人才，要求培养出来的人才必须为社会主义建设事业服务。这是我国高等教育的目的，也是我们高等学校的主要任务。社会主义制度的性质决定着社会主义高等教育的性质，同时，也决定着社会主义大学的办学方向，必须坚持党的领导，坚持社会主义方向，坚持马克思主义在科学文化和学术工作中的指导地位。把德育放在首位，这是我国高等教育社会主义性质的重要标志。作为社会主义的高等学校，如果忘掉或丢掉，甚至摆错了德育的位置，就必然会迷失方向，误人子弟，误国误民。

（二）党的教育方针决定了学校教育要把德育放在首要位置

党的教育方针，充分体现了全面发展的教育原则。在德、智、体全面发展的问题上，有人总结说，学生的智育不合格是"次品"，体育不合格是"废品"，而德育不合格则是"危险品"。它生动形象地阐述了德、智、体三个方面的关系。就育人来讲，三者是相互关联、相互依存、相互渗透、相互制约、相互促进、不可分割的统一整体。

但是，根据马克思主义哲学辩证唯物主义的观点，构成矛盾统一体的各方，其地位和作用是有主次之别的。如果没有这种明确的区分，就不可能弄清事物的性质，把握事物的本质。依据这一理论，在全面发展教育方面构成的矛盾统一体中，能够体现其性

质、本质的，只能是德育。因为，德育所要解决的是学生社会意识的问题，即政治立场、思想观点、行为规范等方面的问题。具体来说，是解决学生为谁而学，学成后为谁服务的问题。我们社会主义大学培养的是能够坚持正确的政治方向，拥护共产党的领导，愿为社会主义祖国献身的高级专门人才。要完成这一任务，只有依靠德育。

（三）学校的中心工作需要把德育放在首位

当前，"以教学为中心"的思想被各类高校充分重视并贯彻实施，"以教学为中心"无疑是正确的，它与德育不但不矛盾，而且是相辅相成的，缺一不可。

教学包括德育。现代教育理论认为，教学应该着眼于学生的全面发展，培养全面和谐发展的个性。著名教学论专家赞可夫在《新教学论本质》中指出，教学的主要任务是"既在掌握知识和技能技巧方面达到高质量，又在学生的发展上取得重大进步"。

也就是说，教学并非只是传授业务知识，片面地着眼于智力，而应当把教学看作是落实教育方针的主要途径。教学过程中应当包括德育、智育和体育，而且，德育还应该是教学的一项主要内容和首要任务。

德育在教学中起主导作用。在整个教学过程中，德育以其方向性贯穿于其他诸项教育之中。它不仅对智育起着主导作用，同样在体育中也起着主导作用。如果离开了德育，整个教学过程就很难顺利进行，这已是被实践反复证明了的。

四、新时期高校德育创新的必要性

德育创新是主体（人）为了一定的目的，遵循德育发展的规律，对德育进行变革，从而使德育得以更新与发展的活动。

创新是一个民族的灵魂，是国家兴旺发达的不竭动力。一个没有创新能力的民族，难以屹立于世界民族之林。历史进步的本质在于创新，民族的振兴、国家的强盛同样离不开创新，任何工作没有创新就没有活力，没有生命力。同样，高校的德育工作也只有在实践中不断创新，才能有新的活力，才能适应时代的进步与发展。

德育工作的显著特征在于，它随着时代的变化、社会的变化、生活的变化而变化，具有开放性、现代性、发展性。德育的这些特征要求我们德育工作者在实践中必须不断地去探索、去实验、去研究、去创新，但是，强调高校德育工作的创新不是全盘废弃过去的东西。德育工作是一个系统工程，具有一定的规律性。德育工作涉及方方面面，反映了德育客观规律、德育工作的实践经验，以及国家关于德育工作的法律、法规、政策等。我国的高校德育工作经过几十年的探索实践，总结出了许多规律，积累了大量的丰富经验。这些规律、经验凝聚了广大高校德育工作者先进的德育理念，为培养面向现代

化、面向世界、面向未来的，德、智、体、美等全面发展的社会主义事业建设者和接班人任务的顺利完成提供了有力保证。高校德育工作所取得的这些成绩有目共睹，所形成的理论、探索的规律、积累的经验、创造的方法，应当在实践中予以继承，并使其成为德育工作创新的基础。

新时期高校德育工作所面临的国际和国内环境已经发生了重大变化，高校德育唯有创新才能发展。新时期高校德育的对象已经发生了巨大变化，具有新的特点和要求，高校德育唯有创新，才能适应德育对象全面发展的要求。新时期高校德育的客观环境发生了变化，高校德育唯有创新，才能走出发展的困境。

（一）新时期高校德育工作面临的现实背景

1. 全球化的影响

全球化加强了国家之间、个人之间的经济交往、政治交往和文化交流。在全球化的背景下，经济的交往是国际性的，随着经济的日益国际化，政治、文化也走向了国际。欧美现代文化思潮的传入，对我国大学生产生了深刻影响，不少大学生采取扬弃的态度，进行批判地消化吸收。

2. 市场经济的影响

社会主义市场经济体制逐步推进，给高校德育带来积极影响的同时，其自身的弱点和负面影响也可能给大学生的政治观、人生观、价值观造成负面影响。例如，注重功利和实惠，片面追求物质利益，集体感、社会感淡薄，等等。

面对市场经济的汹涌大潮，大学生很难避免市场经济的负面影响。市场经济条件下，社会利益分配的多层次性使大学生面临着多种价值观的选择。在市场经济条件下，生产者是独立自主的。这一点，对大学生价值观的消极影响表现为集体意识淡化、个人主义倾向严重。这些价值观念的产生，显然背离了学校教育的培养目标，无疑削弱了高校德育功能的发挥。市场经济的发展刺激了人们对物质利益的追求，淡化了人们的政治意识。一些大学生片面认为，市场经济最主要的是看经济效益，政治无关紧要，学校思想教育对他们来说可有可无。市场经济的推行使整个社会生活发生了翻天覆地的变化。大学生原来所处的相对稳定、单一的生活环境发生了彻底改变，个体的人格处于多变的、相互冲突的多元价值中。

大学生受到社会不正之风和消极腐败现象的影响。改革开放以来，社会风气、社会秩序在某些方面出现了一些消极现象，例如以权谋私、走私贩私、偷盗抢劫等现象，拜金主义、享乐主义、个人主义等等。虽然这些消极的现象只存在于极小范围之内，但是，也对大学生有很大冲击，使他们产生了很大的困惑。

3. 科学技术的高速发展

科学技术的高速发展，使世界处于信息大爆炸时代，信息传播途径也逐渐多样化、现代化，这就决定了大学生接触欧美思潮更加快速便捷了。各种西方文化不断冲击着大学校园，各种思潮逐渐进入了当代大学生的视野，对当代大学生的价值观产生了很大的影响。

互联网是一个超越了民族和国家界限的、巨大的、开放的信息传递系统，具有方便、快捷、直观性强、信息获取量大等特点，网络空间中各种不同的文化类型、意识形态、信仰、价值观念等，在这里传播、碰撞、交融。互联网的发展和虚拟世界的产生，使高校德育面临新的环境。网络文化给高校德育创造良好条件和机遇的同时，也对德育工作提出了严峻的挑战。

4. 高校德育工作缺乏社会和家庭的有效沟通

学校德育自身管理水平的提高，是增强德育工作实效性的重要组成部分，但是，学生思想道德品质的形成和发展是社会、家庭、学校共同作用的结果，任何一方工作不到位，都会导致整个德育出现漏洞，危害学生的身心健康发展。

目前，从总体上看，高校在主动争取家庭、社会支持，协调和整合社会、家庭三者的关系方面还做得不是很到位。学校德育管理还处于不够开放的状态，有效的学校、社会、家庭协作教育机制还有待完善，已经建立起来的家长学校、家长委员会在发挥指导家庭教育的职能方面，还存在着对学生学业指导多、对学生品行指导少等问题。所以，我们要积极推进学校、家庭、社会教育的一致性，形成开放式的学校德育管理新格局。

（二）新时期高校德育对象的新特点

当代大学生有着许多优点。总的来说，他们的思想主流、伦理道德认知、价值判断是积极、健康、向上的。他们务实进取，竞争意识强，成才愿望非常强烈，并注重个性发展，敢于表现自我，思维也比较活跃，易于接受新思想、新事物，极具创造活力和创新基础，有较强的使命感和责任感，关注国家和民族的前途命运，具有想有作为和大有作为的思想基础。然而，不足之处也是较突出的。

由于他们是在改革开放之后成长起来的，受到西方市场经济和欧美外来思潮的某些负面影响较深，因此他们中出现了疏离信仰、疏离文化、疏离责任的倾向。

具体说来，在政治方向上，部分大学生对社会政治冷淡，对意识形态不关心，对政治理论学习不重视。

在人生理想上，不少大学生偏重于关心个人生活和前途，缺乏民族责任感、社会责任感和集体责任感。在处理个人与集体、国家的利益关系时，一些学生更倾向于优先考虑个人利益，只看重个人价值的实现，而忽视个人对社会对国家的贡献。

在价值理念上，绝大多数大学生对拜金主义、享乐主义和极端个人主义是否定的。但是，与此同时，他们更多地关注个人的现实利益。一些大学生把理想追求和现实功利结合起来，从注重奉献的理想主义转向注重实惠、实用和物质享受的现实生活，倾向于奉献与索取并重，甚至于只求索取而不讲奉献。

在道德情操上，部分学生道德判断力不强，道德选择是非不清，对社会上存在着的一些道德认识错位、道德行为失范的情况常感到无所适从，以至于在道德评价上采取双重标准：一方面，大学生对社会上违背基本道德原则的现象深恶痛绝，尤其是对贪污腐败极为反对；另一方面，考试作弊、论文抄袭、就业失信等现象在校园里时有发生，反映了其对自身要求的降低，把一些丑恶现象视作当然。还有学生只重视业务方面的提高，而轻视思想道德的修养，从注重知识的价值、理性的追求，到注重金钱的价值、感官上的享受，认为金钱的追求胜过一切。

针对以上在学生群体中出现的负面情况，高校德育创新要充分考虑新时期高校德育对象的新特点，有目的、有针对性地开展高校德育创新工作。

（三）高校德育自身存在的问题

1. 重知主义倾向的影响

重知主义倾向主要体现在两个方面。

一方面，在德、智、体教育关系中重视智育而忽视德育。中国自古便有"万般皆下品，唯有读书高"的说法，智育被提升到一个十分重要的地位，成绩好就是好学生，对于德育只是口头上、宣传上的重视，真正实施起来，则处于相对次要的位置，得不到应有的重视，从而导致"教书育人"中的"育人"功能被淡化，"教书"与"育人"被人为地割裂开来。许多教师理所当然地认为"育人"不是分内之事，因而只埋头钻研学问，而无暇顾及对学生良好思想品德与行为的培养。

另一方面，在德育中重视道德认知而忽视道德情感、道德行为、道德意志的培养。德育课程学习注重接受和理解，道德内化则强调潜移默化、个体觉悟和生活实践。我们在德育方法上的问题就出在按知识教育的方式来进行道德教育,把道德和生活割裂开来,作为一种知识来教。其结果是，学生有道德之知，而少道德之行、道德之情和道德之信。

2. 学校德育对人的主体性重视不够

传统的高校学生德育模式是计划经济的产物，这种德育模式的最大缺点是忽视学生的主体性，出现专制强横的现象。

德育的专制强横具体体现在以下三方面：

一是发展模式上的强制性。长期以来，我们的德育总是把有关政策或文件等外在因素作为设定德育目标和学生发展模式的标准，忽视了个人的内在需求；德育服务于社会发展被片面理解为对规章制度的无条件服从，忽视了人的个体道德。

二是德育内容上的强制性。教育工作者往往以良好的主观愿望或某些外在目的为出发点，把一定时期的道德规范、抽象的道德概念或有关政策作为固定的教育内容予以灌输，并要求学生必须完全无条件地接受，漠视学生的主体意识。

三是德育方式上的控制性。不尊重学生的能动性和参与性，无视教与学在教育过程中是相互作用和互相影响的，以独断的态度和注入的方式，向学生灌输道德知识和道德教条。这种诉诸权力的教育方式，仅把学生当作教育的对象和客体，缺乏对学生主体性的重视，这是德育的实效性低下的根本原因。

3. 德育的内容和手段缺乏时代性

德育内容与实际相脱离。德育内容是实现德育目标的手段，教育内容的恰当性可以看作是内容与以下两方面要求的一致性：一方面是所有内容来源和社会价值观反映的要求；另一方面是学习者需要、兴趣和身心能力反映出来的要求。然而，当前德育的内容只反映了一方面的要求，而对另一方面的要求熟视无睹，与社会实际、学生思想实践相对脱节。尤其是对当前各种现实问题及相关理论问题探讨很少或干脆避而不谈，这便导致了学生对高校德育力倡的那些道德理念缺乏认同，毫无兴趣，不能把握其精髓，更难以做到普遍接受和自觉内化，这便降低了政治课的教育性、针对性以及实用性，违背了开设这些课程的初衷，甚至适得其反。

德育手段与实际相脱离。德育手段的现代化是德育现代化的前提，现代社会也是信息社会，科技所带来的新变化层出不穷。德育必须适应这种日新月异的变化，要讲求手段现代化，借助现代媒体，记录、储存、传输和调节教育信息，把幻灯片、录像等设备直接用于班级常规管理，还可利用计算机网络化优势，积极扩大德育在校际间、省区间，甚至国际上的交流。

学校德育工作不能及时跟上时代步伐，与社会进步脱节，对大学生人生观、价值观引导不够，使得大学生纷纷把目光投向经济领域，出现了"下海热""课外兼职热"

等现象，进而引发拜金主义，对教学秩序产生了很大冲击。学校的德育工作应该及时注意社会动态，更新内容，只有这样，才能及时纠正学生的人生观、价值观。

4. 对学生德育进行评价的机制不完善

德育评价是大学生思想政治工作的重要组成部分，是调节德育运行机制、优化高校德育过程、检验德育实践效果的重要环节，也是促进大学生在德育过程中自我检查、自我调节、自我完善的重要手段，更是推动德育科学化、提高德育有效性的重要载体，对于高校人才培养的方向起着重要的指导作用。

当前，高校对学生德育评价工作十分关注。但是，由于德育评价的复杂性和具体操作难度大，使得如何科学全面、客观合理地开展大学生德育评价，成了高校学生思想政治工作的难题之一。主要表现在以下几个方面：

长期以来，我国政治标准在大学生德育评价中一直占有特殊重要的地位。时至今日，高校学生德育评价标准在很多方面仍未摆脱"泛政治化"的影响，使得高校对学生"德"的评价带有很强的政治属性。

大学生德育评价中，很多学校通过先采用指标量化的方法，给每一位学生打德育分，再按德育分值的高低和比例，给学生设定一个德育定性的等级，诸如优秀、良好、及格之类。这种通过定量评价产生学生德育定性等级的方法，其科学性如何，值得探讨。

高校学生德育评价工作具体是由班主任或辅导员协同班级学生德育考评小组共同实施的。实际上由于班主任或辅导员对学生情况相对缺乏了解，班级学生德育考评是由学生代表组成的学生德育考评小组来实施的，这很难实现学生德育评价所要求的"公平、公正"原则。

5. 高校师德水平有待进一步提高

教育家乌申斯基曾强调："在教育工作中，一切都应该以教师的人格为依据。"的确，没有人能将自己没有的东西献给别人。教师是学生良好道德品质形成的引路人，教师的一言一行无时无刻不在影响着学生，身教重于言传，教师以崇高的人格魅力去激励和感染学生，会使学生在潜移默化中塑造完美人格，反之亦然。

在当前高校教师队伍中，师德状况的主流是好的。但是，也有部分教师受西方市场经济的负面影响，重业务进修，轻理论学习，重现实功利，轻理想信念，重报酬实惠，轻奉献责任，重个性自由，轻纪律约束。一旦受到拜金主义、享乐主义、自由主义和极端个人主义思潮的冲击，少数教师就会出现道德失范，表现为不敬业、不重教、不爱生，甚至唯利是图、弄虚作假，严重地损害了教师形象，这对学生良好道德的养成起了负面作用。

第二节　新时期高校德育创新的理论基础和原则

实践基础上的理论创新，是社会发展和变革的先导。通过理论创新推动制度创新、科技创新、文化创新，以及其他各方面的创新，不断在实践中前进，永不自满，永不懈怠，这是我们要长期坚持的。新时期高校德育创新工作必须要有坚实的理论基础为指导。

一、新时期高校德育创新的理论基础

中国传统文化是历经几千年的社会变革和发展而形成的一种思想和知识系统，中国传统文化追求人与自然的和谐、人与人的和谐，把天、地、人看作统一的整体。

中国传统文化是以伦理观念、伦理道德修养及治国安邦之术为核心的。其内涵和特征主要有四点：突出伦理本位，倾向于现实政治，宣扬主体意识（主要包括认识的主体性、道德的主体性和生活的主体性），强调整体观念。

（一）新时期德育中的以人为本理念

我们正处在社会发展的转型时期。一方面，改革开放与发展市场经济使社会生产方式、生活方式发生转变；另一方面，随着信息网络技术的发展，世界正走向知识经济时代。社会与时代的发展变化必然要求教育与时俱进，培养适应社会转型需要的人才。德育是培育社会精神和人才思想意识的工作，无疑需要体现先进性与发展性，需要改革和创新。但是，它的改革创新必须用新的理念做指导，对传统的理念进行超越。

以人为本，就是要把人民的利益作为一切工作的出发点和落脚点，不断满足人们的多方面需求和促进人的全面发展。马克思曾经说过，任何一种解放都是把人的世界和人的关系还给人自己，这是以人为本的根本。以人为本，说到底，就是解放人，使人的潜能得到主动、全面、充分的发挥。

因此，以人为本，是做好德育工作的基础和前提。坚持以人为本，就是要求我们在德育的过程中，做到尊重学生、理解学生、关心学生和信任学生，注重学生个性发展和全面发展的统一，注重学生创造性人格和健康人格的统一，注重学生"学会"和"会学"的统一，促进学生全面发展。

（二）系统科学理论中的"大德育"思想

系统科学是研究事物整体联系和运动发展规律的科学，其要点为：

第一，任何一个事物的存在都表现为一个系统。系统是由事物内部互相联系、互相作用、互相依赖和影响的若干部分组成的有机整体。整体性是系统的一个本质属性。系统总是处在赖以生存和发展的环境之中，并不断同环境进行物质、能量和信息的交换。

在德育这个系统中，包含着三个最基本的因素，即教育者、受教育者、教育过程。其相互联系，互相影响，十分密切。加强高校德育创新，必须从整体性大背景的变化出发，树立战略意识、时代意识。从整体观念和联合作战的思想出发，明确调控目标，使各系统整合成一种合力，形成上下连接、左右贯通、立体交叉的德育网络。高校德育工作量大面广，组织过程耗时耗力，没有有效的调控机制，就可能导致无序无效。因此，实现德育效果的最大化，不仅需要校内各种教育资源的整合，还需要学校、社会和家庭加强联系，相互协调，从整体上优化育人环境。

第二，系统内部各要素具有层次性和等级性，系统的不同层次有着不同的规律。德育的层次性取决于德育对象的层次性，要提升德育效果，必须把握层次性要求，树立德育对象主体性观念，加强针对性工作。研究德育对象的层次性，要注重学生全面发展和理想人格塑造的序列性，在学生学习过程的不同阶段、不同时机、不同教育环节，实施不同的教育内容，采取不同的方式、手段，满足学生不断增长的需要，分层次、有重点，由低到高，由浅入深，形成循序渐进的系列教育格局，使实践随着教育理论的发展向更高层次迈进。

第三，结构性系统功能的发挥，不仅取决于组成该系统的各个部分本身，而且取决于各个部分的结构形式，系统的总功能不是各个组成部分功能的简单叠加，而是各个部分功能的有机结合。

这一理论要求我们立足于要素、结构、功能与所处环境的相互联系和制约关系中，分析系统中各要素的结构、功能，有意识、有目的地使系统内部各要素达到最佳建构和配置，以求系统形式结构最优和功能最优的整体效应。

因此，要做好高校、社会与家庭之间的沟通、合作与融合；高校内部各个工作部门、各个岗位之间的协调、有机结合。高校德育工作中的目标、内容、途径、方法、管理和评价等因素要合理配置，整体联动，构建一个和谐的大德育工作系统。

二、新时期高校德育创新的原则

（一）主体性原则

所谓主体性原则，就是指在高校德育工作过程中，始终将大学生置于主体地位，始终把大学生看成是德育活动的主体，注重培育和造就大学生的主体性。

把学生作为学校教育的价值主体，确立学生在高校德育中的主体地位。转变将学生仅仅作为教育和管理的对象的现象，坚持以学生为根本，以学生为核心，以学生为目的，尊重学生，理解学生，关爱学生，把促进学生的成长、成才作为高校德育的根本价值取向。

把学生作为学校教育的动力主体，激发学生自我教育的积极性。转变过多地强调教育管理工作者的主导责任，而对学生的主体作用和自我教育重视不够的现象，致力于唤醒学生的主体意识，激发学生的主体热情，调动学生的主体积极性，在课堂教学、校园文化、社团活动、社会实践等环节中，更加充分地发挥学生的主体作用。

把学生作为学校教育的权利主体，切实维护其合法权益。转变重管理、重视对学生的义务要求，而轻服务、忽视维护学生权益的现象，高度重视学生所应具有的受教育权和公民权，使高校德育的过程成为尊重和维护学生合法权益的过程，成为服务学生成长成才和全面发展的过程。

把学生作为学校教育的发展主体，促进学生的全面发展。转变重知识轻素质、重灌输轻发展的现象，构建科学与人文相统一的素质结构、社会化与个性化相统一的人格结构，促进学生各种素质的和谐发展。

（二）开放性原则

所谓开放性原则，是指高校德育创新必须彻底打破传统的封闭模式，在德育的目标、内容和手段等方面实行全方位开放，把学生从以往的束缚中彻底解放出来，使他们在开放式德育过程中，以自主、自觉、自愿的状态去接受、思考、判断和分析。

1.德育目标要体现开放性

德育目标是高校德育的指针和方向，决定了德育内容、手段和方法等的选择，在德育工作中始终起着主导性和规范性的作用。考察世界先进国家高校的德育目标，可以从中发现，开放性是其德育目标的共同特色。例如，德国的德育目标是培养具有向世界开放人格的人；美国的德育目标是注重在开放式德育中发展学生的道德推理能力和创造能力，强调使个体成为有自立能力、自信心和参与意识的自主公民。

我国的德育目标按照《中国普通高等学校德育大纲》的具体描述是："使学生热爱社会主义祖国，拥护党的领导和党的基本路线，确立献身于有中国特色社会主义事业的政治方向；努力学习马克思主义，逐步树立科学世界观、方法论；走与实践相结合、与工农相结合的道路；努力为人民服务，具有艰苦奋斗的精神和强烈的使命感、责任感；自觉地遵纪守法，具有良好的道德品质和健康的心理素质；勤奋学习，勇于探索，努力

掌握现代科学文化知识，并从中培养一批具有共产主义觉悟的先进分子。"

比较我国和美国、德国的德育目标可以发现：注重开放性和个性培养，是先进国家德育目标的主要价值取向。他们强调在开放中培养学生健全的人格，发展学生个性，在轻松活泼中让学生自觉接受和体验德育。因此，我国高校德育目标应在现有的基础上，吸纳先进国家德育的一些有效成分。

2. 德育内容要注重开放性

学生的道德发展是一个持续的、有内在规律的过程。因此，德育内容的开放性，应遵循学生道德发展的规律，充分考虑学生理解和接受的能力，根据时代发展和形势变化而不断丰富和更新。

首先，把道德教育内容的价值准则和规范系统向学生开放，让学生独立思考，理性选择。

其次，灵活使用不同的德育理论和教材。在遵循国家德育统一目标的原则下，根据本地和学生的实际，引进和吸纳一些先进国家的德育理论和经验，开阔学生视野，增加对全球德育发展趋势的了解。

再次，德育内容应贴近实际生活。学校应根据学生实际，定期进行一些诸如形势教育、国家方针政策教育、法纪教育、公德教育、健康教育、环保教育，等等。这些德育内容鲜活丰富，与实际生活密切相关，学生容易理解且乐意接受。

3. 德育手段要展现开放性

充分运用现代科技手段，展现德育课堂教学的开放性。例如，用计算机模拟一些在实际生活中涉及道德问题的个案，再组织学生进行分析、处理；用电化教学再现历史画面和生活情境，让学生身临其境，真切体验，增加感性认识，使开放中的德育课堂变得生动活泼、丰富多彩，提高德育课堂的教学效果。

（三）实践性原则

所谓实践性，是指高校德育创新应在开放的基础上，通过师生互动和活动体验，使德育过程成为激发学生道德思维和创造的过程，在动态中实现德育的内化、提升。

1. 德育课堂要贯穿实践性

德育课堂的实践性就是培养学生分析问题和解决问题的能力，使实践的过程成为学生道德自我完善成熟的过程。为突出德育课堂的实践性，要彻底革除传统观念，打破德育课堂固定、静态、纯理论的模式，将课堂融入现实生活，使德育课堂成为学生真刀真枪解决实际问题的大舞台。

首先，德育课堂的实践性，要突出教师与学生、学生与学生间的互动，在互动中交流、探讨、内化、提高。

其次，德育课堂的实践性，要突出学生动手、动脑能力的培养，使学生面对现实生活中的道德问题，能够从容地运用自己的道德经验去解决处理。

2. 德育活动要突出实践性

德育活动的实践性，应注重学生在活动中的亲身体验，强调学生通过实践活动获取直接经验。高校具有德育作用和效果的活动不少，比如新生军训、社会实践、希望工程，等等。这些活动可以按照现代德育理念进行科学设计，重点开发，突出活动中学生对事物的感性认识，充分调动学生的感觉器官与心灵的双向交流，把交流中获取的感觉、感知、感情，通过思想的过滤、提炼升华到理性认识，凝结成自己的道德观点。

（四）层次性原则

所谓层次性原则，是指高校德育工作要根据不同教育阶段大学生的年龄特征和思想品德水平，确定不同的教育方法、教育目标、教育内容和教育要求等，做到因人施教、因龄施教、因情施教。

1. 要因人确定德育工作目标

高校德育工作目标缺乏层次性，将有可能导致在教育学生时采取精英主义立场，德育工作的天平倾向少数大学生，热衷于"抓尖子""抓典型"，忽视甚至放弃多数学生；在德育过程中重理论知识的灌输，轻道德体验、道德情感和道德意志的培养与塑造，轻行动的锻炼；在德育效果上，大学生在学校里能自觉按学校要求去做，是"好"学生，到社会则按自己的要求去做，是个"差"学生，形成"虚伪"人才。因此，高校德育工作要拟定一套基本的道德要求，努力分层次、有步骤地引导大学生从低向高、脚踏实地地从基本道德要求向较高道德追求迈进。

2. 要因人确定德育工作的广度和深度

大学生由于年龄和身心发展水平的差异，所能接受的德育内容层次的广度和深度也就不同。因此，高校德育工作在具体要求、内容上必须与其相适应。极少数大学生存在厌学、心理障碍等情况，如果内容的广度和深度脱离了其实际，即使内容正确无误，其结果必然是无效或者收效甚微。

3. 要因人确定德育工作的手段和方法

高校德育课教师必须认真研究大学生的个性特征，分清其应达到的道德水平，分清其因个体经验、阅历的不同而呈现出的不同个体道德成熟水平，对不同学生选择并实

施不同的手段和方法。

第三节　新时期高校德育如何创新

高校应进行德育理念创新、德育内容创新、德育方法创新、德育机制创新、德育评价创新、德育环境创新和加强师德，使高校德育重新焕发生机和活力，为我国社会主义现代化建设培养更多道德品质过硬的优秀人才。

一、高校德育内容创新

要从全面建成小康社会的实际出发，从高校学生全面发展的需要出发，坚持以学生为本，解放思想，实事求是，与时俱进，遵循德育发展的新理念，在实践中不断创新高校德育内容。

（一）德育内容创新应与时代发展相适应

《中国普通高等学校德育大纲》中指出："高等学校德育要适应新的历史条件，不断改革内容和方法，不断创造新经验。"传统的德育往往强调其政治性功能，关注学生的政治方向和思想品德，这无疑是十分重要的，但面对未来社会，如果还局限于此，显然不能满足社会和受教育者自身发展的需求，这种纯思想教育和政治性的品德教育将显得苍白无力。

二十一世纪的德育，其目标应该从单纯的政治思想品德功能，向注重学生综合素质和个性发展进行拓展，从而符合知识经济对人才全方位的要求。德育内容将根据新世纪的世界格局，根据受教育者的特点，不断改革和完善教学内容，在提高受教育者的综合素质上下功夫，促进人的全面发展和个性的自由发挥，从而使德育理论成为一个能适应变革的综合化新体系。同时，为适应民族性教育和国际性教育的双重需要，德育工作在进一步深入挖掘和继承民族优秀历史文化传统的同时，把传统文化与现代化科学嫁接起来，把德育内容与世界政治、经济、文化、军事等方面联系起来，从横向和纵向两个方面不断拓展德育工作的范围和空间，从而从大视野、大思路去迎接世界的风云变幻和发展格局，培养全面发展的综合型素质人才。

社会主义荣辱观是我国社会主义道德建设过程中的一项重要理论，具有很强的思想性、指导性和现实针对性。它集中体现了爱国主义、集体主义、社会主义思想，体现了社会主义基本道德规范的本质要求，体现了依法治国同以德治国相统一的治国方略，是中华民族传统美德、优秀革命道德与时代精神的完美结合。高校应将荣辱观教育融入

德育中，切实加强和改进当代大学生思想教育工作，培育并帮助大学生树立正确的人生观、价值观和道德观。

（二）德育内容应与人才发展的需求相适应

二十世纪七十年代以来，国际教育界通过了《学会生存》《学无止境》《学会关心》《教育——财富蕴藏其中》四个重要文献。二十一世纪教育委员会提出人才素质的标准：

第一，有积极进取开拓的精神；

第二，有崇高的道德品质和对人类的责任感；

第三，在急剧变化的竞争中，有较强的适应能力和创造能力；

第四，有宽厚扎实的基础知识，有广泛联系实际、解决实际问题的能力；

第五，有终生学习的本领，适应科学技术综合化的发展趋向；

第六，有丰富多彩的健康个性；

第七，具有和他人协调和进行国际交往的能力。

这给我们发出一个强烈的信号，国际教育界人才培养思路发生了重大变化，从学知识到做事到与他人相处，再到学会发展，学会做人，都开始把眼光从单纯的专业技能教育转向全面素质的提高，都强调人才培养要从单纯知识的掌握到能力的发展，到与人相处的艺术，到广泛可持续发展的潜质。

可见，德育在人才素质的培养中具有重要的位置。德育内容创新的目标是把学生培养为全面的人、独立的人、道德的人、健康的人、创新的人，即不仅要关注受教育者政治方向、思想观念等意识层面上的问题，也要关注受教育者身心健康；不仅注重受教育者知识、技能、思维培养，也要十分重视受教育者情感、意志、兴趣、需要、信仰等个性素质，以及社会责任感与社会能力的培养。

总而言之，德育不仅要为受教育者成长指明方向，而且要为受教育者成长所需的个性与才能的发展提供必要的指导与帮助。

二、高校德育环境创新

德育应是全社会的力量共同投入完成的大工程，要遵循德育规律，建立起学校、家庭、社会"三位一体""齐抓共管"的"大德育"格局。

（一）高校、社会和家庭各司其职

从学校方面看，幼儿园、小学、初中、高中、大学每个阶段都应很好地开展德育工作，这几个环节是相互衔接的。德育工作是一个过程，把每个阶段抓好，才能为高校德育工

作铺好路，打好基础。高校是大学生成才的摇篮，营造优良的德育氛围，对大学生思想品德的形成和发展起着至关重要的作用。高校要全面贯彻和执行党的教育方针，加大德育工作的力度，全方位、全过程、多角度地对学生实施教育和影响，在各门学科教学中都努力渗透思想品德教育。高校德育工作要贯穿于学校工作的各个方面，贯穿于学校教学、科研、学科建设，以及行政管理、后勤服务的各个环节，做到教书育人、管理育人、服务于人，实现全过程育人、全员育人、全方位育人。

从社会方面看，社会的各个部门和行业也应配合高校德育工作。大学时期是大学生世界观、人生观、价值观形成的重要时期，社会环境的优劣对其思想道德素质的形成起着重要的作用。优化社会环境应引起全社会的高度重视，需要各级党委、政府和全体公民的共同努力。党和政府要充分宣传党的路线、方针和政策，使公民理解、拥护、支持和参与改革；继续加强党政干部的廉政建设，加大查处腐败现象的力度；继续加强社会治安综合治理工作，坚决查处"黄、赌、毒"现象；努力优化社会舆论环境，充分发挥舆论在道德建设中的引导、评价、监督作用。

从家庭方面看，家长要时刻关注孩子的变化，多与孩子沟通、谈心，及时纠正他们错误的人生观、价值观。将孩子引向正常生活的轨道，跟上时代潮流。

（二）高校、社会和家庭的沟通与合作

毫无疑问，在对大学生的德育教育过程中，学校、社会、家庭三者的影响都是不可忽视的，需要学校、社会、家庭三个方面形成一个有机的系统来共同完成。当前，高校德育工作中存在着与家庭、社会协调不够的问题，必须加以克服。

学校要主动争取家庭、社会对学校德育的支持，充分发挥家庭、社会教育的积极作用。教师要主动联系家长，建立家校联系制度，互通学生有关情况，使学生的教育不留"盲点"；同时，使家长的意见及时得到反映，促进学校德育工作和家庭德育工作有针对性地开展。

学校应充分开发、利用社会丰富的德育资源，开展德育工作。通过校企合作、产教结合等形式，多渠道创建校外德育基地，紧密结合学生学习的专业实际，聘请有关人员为校外德育辅导员，并定期请他们来校讲课，通过走出去、请进来，开阔学生视野，使培养出来的学生适应社会的需要。学校应该定期对学生进行跟踪调查，了解社会对人才培养的要求和学生适应社会的情况，以改进高校德育工作。

三、加强师德建设

在高校德育中，教师作为人类灵魂的工程师，发挥着主导作用。一个学校的教师

师德状况如何，不仅可以反映出该校教师队伍素质的高低和教学质量的好坏，还直接影响着师生的精神风貌和学校的整体文明程度。在学校德育工作中，衡量德育效果的高低，通常是看德育目标转化为个体品质的程度。如果教育培养目标的要求能够转化为学生个体的素质，那么德育工作就达到了预期的效果。德育效果一方面与受教育者的接受程度有关，另一方面也与教育者自身的思想修养有关。教育的一般规律告诉我们：教育是教育者和受教育者的双边活动，且教育者在活动中起重要作用，也就是说，在德育工作中，教师队伍的师德状况是决定德育效果的主要因素之一。这是因为教育具有以人格培养人格，以灵魂塑造灵魂的特点。长期的教学实践表明，教师良好的思想观念、品德修养，对学生的健康成长具有重要的导向作用和潜移默化的影响作用。

制度建设是教师队伍建设的基础。俗话说，没有规矩，不成方圆。良好师德的养成是一个渐进的过程，既要靠自律，也要靠他律。在师德建设中，既要重视思想教育的作用，又要从制度上加以严格的约束和管理，督促教师自觉履行教书育人职责。

当前，应重点制定和完善以下几项制度：

（一）师德学习培训制度

首先，政治素质的培训。主要包括政治理论教育、时事政策教育、法律法规教育等。当前，要重点加强对各项政治理论重要思想的学习，以及党的有关路线、方针、政策和重大时事政治的学习，使广大教师坚定其政治信念。

其次，道德素质的培训。主要包括：公民道德规范教育、教师职业道德教育、学术道德教育等。重点应学习《新时代公民道德建设实施纲要》《高等学校教师职业道德规范》等文件，提高广大教师爱岗敬业，忠于职守，教书育人，为人师表的自觉性。

再次，业务素质的培训。主要包括学习教育的新理论、新观念、新思想、新知识、新方法等。通过业务素质的培训，使广大教师不断提高教育理论修养、知识水平、教学能力，从而更好地担负起教书育人的职责。

（二）师德考评监督制度

充分发挥师德考评和社会监督作用，是提高师德水平的重要保证。"人非圣贤，孰能无过"，有了他人和社会的监督，教师才能更加注重自己的一言一行。对教师师德的考评，也是对教师德才表现和工作成绩的综合检查，对教师本身的发展有着重要的影响作用。高校应采取民主公开的方法，建立健全教师自评、教师互评、学生评价和领导评价相结合的考评机制，使教师更清楚地认识到自己的形象，从而督促自己在任何时候都要做到为人师表。

（三）师德激励约束制度

良好师德的形成，既要靠学习教育，也要靠激励约束。学习教育是基础，激励约束是一种必要的手段。激励就是表彰先进，树立榜样，建立师德标准；约束就是对违反师德的教师，按照规定严肃处理，对于品德不良，师德败坏，社会影响恶劣的，坚决取消其教师资格，从而使教师在制度的约束下，自觉规范自己的言行。良好师德的养成，有助于强有力的激励和约束机制，只有这样，才能确保师德建设取得实效。

（四）师德内化自律制度

提高师德修养，离不开外部的条件和作用。但是，主要还是依靠教师自身的主观努力和高度的自觉性。师德修养就其本质来说，是教师内心的自我认识、自我教育、自我提高。因此，建立师德内化自律制度，十分重要。内化就是教师将社会约定的职业道德规范转化为教师自身的行为准则，将外在的约束和要求转化为自身道德修养的过程；自律就是无论是否有外在的约束或监督，教师都能严格要求自己，自觉自愿地遵守规范。内化自律制度的建立，使得教师在行动中遵守师德规范时，内心会感受到欣慰和愉悦；如果违背了原则，就会内疚和自责，从而达到"慎独"自律这样一种高度自觉的道德境界。

四、德育评价机制的创新

（一）建立多功能的学生德育评价机制

高校的学生德育评价的目的，不仅仅在于评定学生的德育水平，对学生的德育状况有一个诊断，更重要的意义是，通过德育的评价起到鼓励先进、鞭策后进的激励作用。只有通过充分激发德育评价的激励功能，才能使学校的德育活动自始至终处于一种积极活跃的最佳状态之中。

（二）德育评价要从"单一结果评价"向"多样结果评价"转变

当前，德育评价单一结果的评价形式，越来越不能反映学生多样化的状况和不同的个体特点，在客观上也不能适应高校素质教育的推行和社会对大学生多样人才的现实需求。因此，德育评价在内容上，要从单纯重视道德认知成绩的评定，转向对学生的"德"和"能"综合素质的全面考察。在结果上，要从单一综合定性等级评价转变为客观反映学生各类情况多样化的纪实评价，建立起综合性的、多样化的学生新型评价体系，积极推进学生德育评价体制的革新。

（三）德育评价要将"自评"和"他评"结合起来

在高校的育人过程中，教育者和学生都是主体，既要充分发挥教师在教育过程中

的主导作用，也要充分尊重学生的主体地位。这是一个重要的现代教育理念。但是，在现实的学生德育评价过程中，学生往往处于较为被动的被评定地位，学生德育评价往往注重"他评"，而忽视学生对自身德育状况的"自评"，没有能充分体现和发挥学生的主体地位与作用。因此，我们要通过德育评价从"他评"到"自评"的转变，将两者有机地结合起来，积极引导学生把德育的外在要求转化为内在的动力，促使评价活动成为学生自我教育、自我调节的有效载体，更大地发挥德育评价的导向激励功能。

（四）德育评价要将"定性评价"和"定量评价"结合起来

在现实操作中，通过定量评价产生学生德育定性等级的办法，带有很大的不合理性。同时，由于定量评价是产生学生德育定性等级的基础，因此，学生都十分注重各项指标的得分，这往往导致高校学生德育评价，由对学生德育的诊断与激励变成学生对利益的追逐，所以，要定性评价与定量评价相结合。定量评价是指采用数学的方法，收集和处理数据资料，对评价对象做出定量结论的价值判断。定性评价是指不采用数学方法，而是根据评价对象平时的表现、现实的状态或文献资料的观察分析，直接对评价对象做出评价的价值判断，以求得对学生更客观和更全面的评价。

第二章 新时期高校德育教育理念的创新

第一节 创新理论指导下的高校德育

在竞争日趋激烈的今天，我国高等教育正处在改革与发展的关键时期。从改革的趋势看，高校办学模式将呈现一主多元结构，以国家办学为主，鼓励个人、社会参与办学；高等教育大众化进程加快，各种思想层次、知识水平层次、学习目标层次的学生集聚校园；高校后勤服务社会化改革不断推进，公寓越来越成为大学生学习、生活的重要场所；高校学分制推行，传统的班级观念趋于淡化，以班级作为德育基本组织形式的情况正在改变；高校收费制度的改革，使大学生不仅是受教育者，也是一名拥有合法权益的消费者；高校培养方式将由以"教"为主转变为以"导"为主，重在教方法和培养人格；招生就业以市场调节为主，面向社会自主招生择业；学生的学习方式也在发生变化，自学和实践环节加强。这些发展趋势必然对德育工作提出更新、更高的要求。

人是具有鲜明个性心理特征的活生生的人，德育的实践主体是人，最基本要素是"人"，对象是人，其出发点和归宿依然是人。但传统的德育把人沦落为工具性的对象物，使人成为片面的人，只从社会功利出发，使德育失去了它本身对人的生命活动所承蕴的探寻功能，从而导致德育之于人的外在状态、压迫状态及限制状态。而以实现人的自由全面发展为终极目标的高校德育，一要面向未来，为未来培养自由全面发展的社会主义新人，二要立足于当下，为转型期的中国培养中国特色社会主义现代化建设的接班人和建设者，切实推进习近平新时代中国特色社会主义思想的贯彻落实。高校德育的具体对象是大学生，其出发点和归宿也是为什么要培养和怎样培养社会主义建设者和接班人。因此，以人为本是我们做好当前高校德育工作的核心和关键，树立以人为本的高校德育理念，切实推进高校德育工作，便成了必然。

一、高校德育理念创新

德育理念创新指人们对德育认知态度、指导思想和基本思路等所进行的创新。德育理念创新的前提和基础是坚持以人为本理念，承认并尊重学生在思想政治教育过程中

的主体地位，重视学生作为个体的内心认同、思想接受等的主体能动反映，把塑造学生的健康人格、实现学生的全面和谐发展作为德育的根本出发点。多年来我们在德育方面所形成的理念形态，是在计划经济体制的客观实践基础上产生的，进入二十一世纪，我国高校德育的外部环境和教育对象都在发生很大变化，伴随社会实践的重大变化，作为意识形态领域里的高校德育，在继承优良传统的基础上，必然要不断进行创新，以真正实现育人之功用。

（一）树立以人为本的德育理念

传统的德育往往没有充分考虑人的独立个性和内在需求等因素，站在居高临下的位置，进行呆板的说教，过于"规范"，过于封闭，缺少应有的人文关怀、平等交流和自我教育。这种观念已远远不能适应现在的高校德育实际，与学生道德心理发展现实存在很大差距。因此，德育创新，首先要树立以人为本的德育理念，把人作为德育的主体和根本，把人的发展作为德育的根本出发点，充分认识和把握人的本性，充分引导和满足人的正当欲望，善于理解和把握人心，最终赢得人心，取得人的信任和教育的主动权。也就是真正实现以人为本这一现代教育的基本价值观，解决人的精神激励、灵魂塑造和品格提升问题。

以人为本是德育理念的本质内容，是加强和改进高校德育的核心思想。坚持以人为本的德育理念，根本目的在于对人性的唤醒和尊重，最广泛地调动人的积极因素，最充分地激发人的创造活力，最大限度地发挥人的主观能动性。强调以人为本就是强调学生的主体地位。这里有四层含义：

一是德育工作者要充分认识到自身工作的重要性，增强使命感和责任感，在教育教学过程中使自己的道德素养不断提升。二是德育工作者要全方位关心、爱护学生，充分尊重学生，促进学生人格的完善及道德终极价值关怀的实现。传统的德育目标是纠正学生思想、行为上的偏差，起到教育、规范的作用，而以人为本的德育新理念强调学生具有自身的尊严和人格，重视情感因素的作用。三是德育的根本目的是学生的成长，为了学生的成人成才。高校德育要立足于为学生的成才与发展服务，把服务学生放在首位。德育方式要由过去的被动灌输型转变为主动吸引型，要充分发挥学生的主体性、能动性和创造性。德育工作者要深入到学生中，和学生广交朋友，了解他们的所思所想，及时加以引导，针对学生思想需求和变化开展教育，担当学生成才的服务者。四是德育工作者要把大学生德育工作做好，必须把大学生内在的积极性和主动性调动起来，努力使德育成为大学生内在的强烈要求，把德育做到大学生的心里去。

（二）树立系统规划、整体推进的德育理念

当前做好德育工作不仅要靠思想政治教育工作队伍，还要靠全体教职人员；不仅要靠课堂，还要靠课外；不仅要靠高校，还要靠社会、家庭的大力支持和参与。这里就提出了一个系统规划和整体推进的理念。

高校德育是一项系统工程，应该形成全员育人格局。所谓"全员"，就是在强调对学生加强教育的同时，注重教师的人格形象。高尚的人格形象，能起到情感沟通、形象净化、行为示范等作用。高校的教职员工在进行教书育人、服务育人、管理育人的同时，要以其高尚的思想道德、良好的行为规范、严谨的治学态度对学生起到耳濡目染、潜移默化的作用。传统的德育教育，主要靠思想政治理论课教师、班主任或辅导员、政工干部三支队伍，这是德育的骨干力量，但这是远远不够的。为此，就必须做到全员育人，并处理好全员与德育专职队伍的关系。一方面，德育专职队伍必须依靠全员的渗透作用才能使德育和其他各方面相结合，同时，依靠专职队伍的带动和指导，才能提高德育的深度和针对性；另一方面，只有提高了全员育人的认识程度，充分发挥全员育人的积极性、主动性，才能使德育变得生动具体。在全员育人的过程中，要使每一名教职工明确自己所肩负的德育使命，形成统一的教育思想，言传身教，创造一种德育环境，用这种氛围影响学生。

高校德育是一项整体工程。首先，它需要党委统一领导，党政工团齐抓共管。德育存在相互作用和相互依存的要素，包括学校的宣传、学生工作、后勤、组织、人事、教学等部门，也包括一线教师和广大学生。其次，大学德育工作受到中小学德育工作的影响，更受到社会大环境的影响，是与中小学德育、整个社会大环境相互作用的。从横向上看，学校只是德育工作中的一个环节，家庭、社会在德育工作中具有重要作用。因此，必须努力形成学校、家庭和社会相互配合的工作格局，系统规划，整体推进，保证德育的效果。从纵向上看，青年思想道德素质的培养是一个动态的过程，德育工作也是一个动态发展的过程。在系统规划方面，高校德育还要重视与中小学德育的衔接，防止各个阶段教育的脱节。尤其是要加强研究，准确把握教育规律，了解不同教育阶段学生的身心特点、思想实际和理解接受能力，充分体现科学性、循序渐进的要求，科学地设置德育课程，从而使学校德育更具科学性和针对性。

（三）树立实践育人的德育理念

实践是人们能动地改造和探索现实世界的一切社会性的客观物质活动。只有通过实践才能知行合一，促进理论学习向内在品质的转化。所谓"实践出真知"，表明了实

践对于人们形成正确的认识有举足轻重的作用。树立德育实践观，就是要求我们在德育中高度重视实践育人的作用，切实加强德育的实践性，使学生在德育的实践中自己得出正确的结论并逐步养成正确的行为规范和优良品格。社会实践具有以下德育价值：

第一，社会实践是政治和道德知识的检验场，是强化政治和道德认识的途径。社会实践有助于学生进一步明确真、善、美与假、恶、丑的标准；有助于学生把自己与他人进行适当的比较，从而为自己找到合理的评价参照系，体悟到社会对自己的殷切期望；有助于将所学到的道德知识运用于实践。在实践中，学生面临着复杂的行为选择、评价，所掌握的知识理论可以逐步实现创造性转化，变成为高超的智慧和良好的日常习惯，形成积极的社会适应性。

第二，社会实践是高校德育所传导的积极精神的重要载体。实践教育的最直接结果是逐步培养起学生的实践观念。实践活动有利于培养学生热爱劳动、热爱劳动人民、珍惜劳动成果的思想感情；有利于培养学生的创新精神、吃苦耐劳的作风、协作观念、全局意识和奉献精神、劳动纪律意识及艰苦创业、勤俭节约的优良品质等。

第三，社会实践是学生获得道德体验的主要方式。学生可以通过社会实践体验劳动过程的复杂艰辛，体验劳动取得成果时的喜悦，体验劳动的社会意义和个体价值，体验劳动过程中人际和谐、团队合作的必要性，体验劳动过程中的科学精神、创新意识对于社会发展的重要意义。

第四，社会实践是学生通向社会的桥梁，是个体适应社会角色的途径。社会实践作为人的社会化的重要途径，在促进高等教育与未来社会发展相适应以及在有限的学校教育里使学生逐步完成社会角色的转变方面，发挥着十分重要的作用。

因此，高校要加强实践环节，通过让大学生广泛参与社会实践，增强大学生的道德体验，从而促进其道德养成和基本素质的提高。

（四）树立开放性的德育理念

当今世界是开放的世界，而德育教育则是面向世界的开放的教育。当前德育教育应从全人类的共同利益出发，强调人类的共同发展和共同进步，要注重培养人的开放意识以及竞争合作精神。跨入二十一世纪以来，国际政治经济形势比较复杂，现代科学技术突飞猛进，人们的理想和信念也面临着新的挑战，在此情况下，高校德育必须深入社会生活实际，必须适应我国社会的发展要求，以增强其实效性。

树立开放性的德育观念，必须扩大德育的视野。高校德育必须从政治的高度，从全面建成小康社会目标的高度，深入开展社会主义、爱国主义、集体主义教育。要努力

克服当前高校德育中的封闭性，拓宽思路，在德育目标、内容、方法方面都要增强开放性，以促进学生个性的发展和德育的实效。

德育创新是高校素质教育的灵魂，德育理念的创新是高校德育创新的灵魂。通过理念创新推动内容、方法、环境、机制等各方面的创新，不断在实践中探索前进，这是不断推进大学生德育的长久之道。高校德育工作者只有坚持解放思想，实事求是，与时俱进，以发展的眼光审视高校德育，以扎实的工作推动高校德育，坚持树立以人为本的德育理念、系统规划和整体推进的德育理念、实践育人的德育理念、开放性的德育理念，并且把这些德育理念不断地落实体现到德育实践中，德育才能真正地与时俱进并不断发展。

二、高校德育内容创新

现代德育包括政治教育、思想教育、道德教育、法纪教育和心理教育等内容。内容的创新主要体现为思想政治教育与人才成长教育的统一、思想政治教育与人文精神培育的统一、思想政治教育与学生个性发展的统一、主旋律教育与审美观教育的统一。处于心智发展高峰期的大学生兴趣广泛、精力旺盛，充满了对知识和信息的渴求，但凭借他们自身的理论水平和分析能力无法对获得的各种各样的知识和信息进行有效的梳理和整合，因而需要教师的帮助和指导。这就要求高校德育要与时俱进，要注重教育内容的科学性与伦理性、政治性与历史性、民族性与世界性的有机结合，培养学生的诚信意识、效率意识、合作意识、竞争意识和创新意识等，从而帮助学生树立正确的道德观、人生观、价值观和世界观。

（一）德育内容与建设社会主义核心价值观相适应

社会主义核心价值观作为意识形态的精神产品，对于提高人们的思想水平、精神境界、道德情操以及人格的完善和主体性的提升都有着重大的促进意义。

1. 引导学生树立正确的世界观和方法论

当代大学生是伴随改革开放成长起来的，他们切身感受到中国特色社会主义理论体系在实践中的巨大指导作用，因而学起来有着一定的实践和感受基础，是学好用好的有利因素。其中特别强调开展中国特色社会主义理论体系的立场、观点和方法教育。中国特色社会主义理论体系充满了唯物论和辩证法，是大学生树立正确的立场、观点和方法的有力的思想武器。当代大学生认知方式偏重直观化。直观式认知方式是认识主体在认识客观世界过程中的一种非理性因素的作用，这种非理性的认识很可能导致认识主体对事物的片面认识，陷入盲目性。另外，当代大学生个体意识也日益强烈，

他们在认知、意志、情感等方面更注重自己意识的独立性，不人云亦云、随波逐流，然而个体意识的负强化会带来对事物分析判断以及实践中的偏执。大学生的思想特点充分印证了教师必须加强对大学生的马克思主义立场、观点、方法教育，以提高他们分析问题和解决问题的能力。

2.培养学生的民族精神和时代精神

以爱国主义为核心的民族精神和以改革创新为核心的时代精神，是社会主义核心价值观的精髓，也是我们开展思想政治教育的重要内容。对民族精神的教育要系统地不是零散地、全面地而不是片面地、连续地而不是间断地开展，使大学生从中汲取营养，树立民族自豪感和自信心。同时，培养大学生以改革创新为核心的时代精神，不断培养创新的优秀品格。创新不仅是一种思维和能力的表征，同时也蕴含了世界观、方法论和思想品德。将创新纳入德育内容体系本身就是一个创新，鼓励大学生在坚定中国特色社会主义理想信念的基础上，主动学习、处理和运用新知识、新信息，尤其是要瞄准那些富于时代特征、代表历史发展趋势、具有强大生命力的事物，努力使思想与时代发展同步，从而在不断创新过程中历练大学生的时代精神。

3.教育学生树立以社会主义荣辱观为主要内容的社会主义道德观

社会主义荣辱观是社会主义核心价值观的道德基础。社会主义荣辱观作为社会主义核心价值观的重要组成部分，体现了社会主义的价值导向，同时也规定了社会道德行为的价值标准与评价尺度。高校要切实把社会主义荣辱观教育作为学生思想道德建设的重要内容。这里要培养大学生两种意识：

一是培养道德责任意识。道德责任体现社会性和个体性两个层面。道德责任的社会性即道德主体的道德品行要对整个社会负责，以自身高尚的德行换得他人的快乐和社会的和谐；道德责任的个体性即道德主体个人对自身负责，这是完善人性、提升人格、追求幸福的需要。二是培养道德自律意识。道德自律的特征是道德主体将外在约束转换成主体自身的意志约束，使主体为自己立法，自觉践行社会的道德要求。三是培养道德践行意识。社会主义荣辱观本身是一种道德价值形态，它是人们以荣辱评价的方式进行社会调节的规范手段和人自我完善的一种实践精神。为培养这三种意识，教育教学活动要针对学生的思想特点，注重内容与形式的统一、理论与实践的统一，有效发挥课堂教学的主阵地、主渠道作用，引导大学生在实践中身体力行，将荣辱观的道理外化为高尚的行为，并养成一种良好的行为习惯，做到他律向自律的转化。

（二）德育内容创新应与德育工作的实际相适应

随着社会的发展，经济和社会的变革，高校德育的内容必须随着时代的发展而不断地推陈出新。首先，高校德育的内容要增加科技知识含量。在知识经济时代，现代科学技术知识的普及和应用可以与德育相辅相成，有效地增强德育的现代化与科学化，帮助学生远离各种愚昧，树立辩证唯物主义世界观。其次，高校德育的内容也要解放思想，实事求是。对于外来文化与道德，要敢于取其精华，去其糟粕，为我所用。同时，对于我国传统的道德与文化，也要敢于推陈出新，不断进行完善和补充。高校德育内容只有与时俱进，体现时代特征，才能收到理想的效果。再次，高校德育内容要从大学生的思想实际出发，避免空泛的道德说教，应针对现代学生的思想特征、情感和行为特征，紧密联系国际环境和国内改革开放的实际，讲实话，讲心里话，既以理服人，又以情感人。

1. 重视文化素质教育

文化不仅是社会伦理的构成要素和支撑杠杆，而且是社会道德的构成要素和支撑杠杆。高层次的道德感和社会责任感主要依靠文化的积淀。文化是一种精神富有，是一种从内心深处流淌的思想，是人必不可少的基本素质。没有坚实的文化积累、开阔的文化视野、深厚的文化素养，即使足够聪明，也不是大智慧，也成不了大器。道德需要文化的滋养，教育需要文化的烘托。因此，要按照全面推进素质教育要求，确立文化素质的基础地位，将文化素质教育思想落实到人才培养的全过程，促进科学教育与人文教育的融合，使大学生获得整体全面的发展。

2. 重视创新精神教育

高校是培养高素质人才的摇篮，也是知识创新的重要基地。重视和培养大学生的创新精神和创新能力，开展创新活动，对全面推进素质教育和科教兴国战略，具有重要的现实意义和深远的历史意义。首先，创新教育是贯彻党的教育方针、培养高科技人才的需要。高校要把培养大学生的创新意识、创新精神和创新能力作为自己重要的工作目标，为培养创新人才提供更为宽松的成长环境。其次，创新教育是迎接知识经济和新科技革命的需要。发展知识经济，推动新科技革命的迅速发展，就必须依靠科技创新，依靠创新人才，这一时代任务必然落在创新教育的肩上。知识经济呼唤创新教育，已成为世界各国发展经济的战略共识。再次，实施创新教育是全面推进素质教育的重要突破口。通过创新教育活动，发展和培养学生的创造性思维能力、科学能力、实践能力以及自主学习的品质、创新开拓的意识等素质，是促使应试教育向素质教育转轨的重要举措。

3. 重视竞争意识教育

在社会主义市场经济条件下，竞争已渗透到社会生活的各个领域，高校的大学生们也面临各种竞争问题，如何以正确的竞争意识参与到激烈的竞争中，实现竞争对社会有利的一面，同时规避竞争带来的不利方面，维持整个校园乃至社会的和谐和进步，是一个不容忽视的问题。因此，大学生要正确认识竞争、树立正确的竞争意识。当代大学生应该在学习生活中彻底摒弃"安于现状、抱残守缺、与世无争、不思进取"的消极无为旧观念，树立积极进取、永不自满、敢为人先、勇于竞争的积极有为新观念，努力克服自卑心理，在竞争面前不要恐惧逃避，要勇敢地参与其中，在竞争中展现自己的能力，进一步发掘自身的潜力。首先，大学生在参与竞争之前，对自己的能力和弱点要进行全盘扫描、充分认识，在此基础上对自己有一个合理的定位，确定符合自身实际情况的竞争目标。其次，要在各种竞争面前抱着积极的心态。大学生在校期间，有很多参与竞争的机会，各种演讲比赛、辩论赛、运动会、知识竞赛、创业大赛等都在全国高校如火如荼地开展，给当代大学生提供了很多参与竞争、展示才华的好机会，在校大学生应当珍惜这些机会，积极参与其中，享受竞争的过程，总结成功失败的经验教训，逐渐提高自己的心理承受能力，从而使自己在今后的学习生活中心态更加成熟稳定，行为更加理性。

4. 重视心理健康教育

社会发展，竞争加剧，大学生心理问题日益突出。心理健康教育应侧重于学生的客观的自我评价、良好的情绪调控能力、坚强的意志品质、积极进取的人生态度、健全的人格特征、和谐相处的交往能力以及良好的心理调适能力和社会适应能力。要根据大学生身心发展特点和教育规律，注重培养学生的自尊、自爱、自律、自强的优良品格，增强克服困难、经受考验、承受挫折的能力。要制订心理健康教育计划，确定教育内容方法，建立健全专门机构，积极开展心理健康教育和心理咨询辅导，引导大学生健康成长。

第二节　高校德育理念的历史反思与现实审视

以人为本的高校德育理念的确立及其对高校德育创新发展指导作用的发挥，不仅是一个当下的德育境遇问题，同时还是一个高校德育及其理念的过去与现代、传统与未来的关系问题。传统高校德育理念到现代高校德育理念的发展具有一个观念与实践上的惯性。传统德育理念是现代德育理念的前提与基础，现代德育理念融合于传统德育理念

之中。当下的高校德育面临许多困扰，而当高校德育面临种种问题的时候，恰恰是对其理念进行理性反思的时刻。经过深层反思，我们不难发现，高校德育及其理念中存在的诸多矛盾与问题，很大程度上是受到了现代德育理念的直接影响，但更大程度上则来自对传统德育理念的否定与超越。因此，要为高校德育发展创新一条出路，要对高校德育理念进行新的建构，就必然要具有一种纵向的时间关注维度与问题意识，需要进行一种空间上的探讨与一种历时性的感悟。历史是一面镜子，通过对高校传统德育理念进行历史反思，可以使我们厘清当下高校德育理念的诸多困惑，更深入地理解高校德育理念的发展轨迹、兴衰得失与现实问题，更准确地预测和把握其未来发展趋势，从而更有力地推进高校德育理念的整合、创新与超越。高校德育理念的现实审视与创新建构离不开"历史"这面反思的镜子。

一、高校德育理念的历史反思

传统高校德育理念是指历史上曾出现过，并依然在现实中发挥一定作用的高校德育理念。任何现代德育理念都离不开传统德育理念这个基础，都需要传统德育理念的精神支撑，现代德育理念的创新发展正是对传统德育理念的继承、整合、创新与超越。但传统德育理念中也不尽是精华，它还存在很多糟粕，具有诸多弊病，造成了传统德育理念的"人学空场"。传统高校德育理念的弊病不仅造成了高校德育一定程度上的低效，更对现代高校德育理念具有深层次的负面效应。仔细考察我国传统高校德育理念的发展轨迹，不难发现，我国高校有悖于以人为本的传统高校德育理念主要有以下几种：知性德育理念、物本德育理念及单向灌输德育理念。

（一）知性德育理念的弊端

高校德育要培养掌握先进文化知识的人。但在实际工作中我们有些人却将德育片面归于了一种知识的掌握。人们之所以不能行善，是因为人们对善的无知，只要人们掌握了美德的知识，就能够按照美德的要求成为一个有道德的人。德育就是要使人先被抽象为一种知识，然后去伪存真，找出最科学、最终极的知识。这实质是用一种抽象化的方式对人的德育实践加以理解。

人的本质不是单个人所固有的抽象物，在其现实性上，它是一切社会关系的总和。人们自己创造自己的历史，但是他们并不是随心所欲地创造，并不是在他们自己选定的条件下创造，而是在直接碰到的、既定的、从过去承继下来的条件下创造。人是社会现实之人，不能把人陷入抽象概念的困境之中，应使其跳出知识论扩张下的迷途与困局。而知性德育理念却使人的概念变成现实生活中诸多具体个人的一种抽象，扼杀了高校德

育本身应有的生命力与感召力，成了一种与大学生现实生活脱钩的缺乏针对性的象牙塔里的玄谈空论，造成了大学生的身心浮躁与疲惫，造成了对知性德育的偏执与生活德育的淡忘，造成了德育工作的错位，使高校德育陷入了一种自相矛盾的僵局。第一，知性德育理念是一种对象化与割裂化的德育理念。它遵循知识与认知的逻辑，夸大知识在高校大学生培养中的作用，过分凸显学生的"书本世界"，片面注重书本纯粹知识与技能的教与学，单纯重视对学生脱离生活的推理说教，轻视、疏远与放弃了大学生丰富的生活世界，没有处理好书本知识与生活意蕴之间的合理张力；它将人与现实生活世界相隔离，淡化高校德育科学发展的奠基性平台，使高校德育走向异化，成了一种被束之高阁的象牙塔里的抽象思辨，遗忘了知识家园的生活价值与最终归宿。第二，知性德育理念只沉迷于学生个体的理性判断与选择之维。它关注的只是学生个体道德理性与政治分析能力的张扬，漠视与冷落了对学生的道德情感、动机等非理性因素的培养，否认了学生的主体位置，忽视了学生的文化积淀，使学生沦为被动接受道德教义、缺乏丰富多彩性的理性工具，阻碍了学生自我建构能力的培养，对学生的分数过分关注，也造成了学生对分数的过分倚重与"超级崇拜"，而忽视了人格的培养，产生了一种大学生有德育知识无德育文化的悖论。第三，知性德育理念没有处理好知识评估与行为践履之间的关系。它缺乏对知行命题内在复杂性与紧张性的理性思索，片面强调德性中"知"的一面，忽视了"行"的环节，在实践中往往使道德变成了在课堂上谈论的东西，而不是需要身体力行的东西，忽视了高校德育创新与发展的社会场景与微观心理活动，使大学生日益变得知行脱节与言行不一，造成高校德育在知与行高度紧张中的僵化、片面甚至畸形发展。

（二）物本德育理念的弊端

物本德育理念，是指在德育中存在的一种片面强调德育的社会外在价值，而忽视德育育人的内在关怀，轻视乃至淡忘德育长期效益，仅要求德育出现即时与显性效果的一种具有急功近利倾向的德育理念。物本德育理念下的高校德育为市场经济所主宰与异化，忽略了人的价值与意义，出现了主体性的偏差。师生平等关系发生了质的变化，教师成了兜售知识的商贩，大学生仅仅是高校德育用来统一模塑的工具，从而使高校德育无法张扬自己的教育主张，丧失了自身的超越品格。这种德育理念忽视学生的主体性与情境性，仅把学生看成对外部刺激作出被动反应的动物，漠视和压制大学生自身发展的内在需求，忽视德育自身的人文关怀，仅对大学生进行扭曲与功利性的关心，从而使大学生的眼光仅限于眼前，仅限于对物质富足的追逐，而失去对人生意义和价值的追求，并认为人生终极意义与目标的诉求只是一个"无聊"的话题。由于过分强调结果的实效

性，把德育对象培养成的只是失去自身丰富性的、纯粹的经济动物。在这种情况下，现金支付成为人与人之间联系的唯一纽带。对物的依赖把刚从人的依赖关系中解放出来的人变成了物的奴隶，形成了物化的社会。从而使得高校中的大学生被一种外在的、异己的力量所控制，深受金钱的奴役，深受自由的困惑、人格分裂的折磨，饱受生存意义的苦恼与精神疾患的摧残，最终带来的只有德育地位的下降、德育效度的缺损与德育信度的丧失，造成了高校德育中严重的"人的缺位"。

（三）单向灌输德育理念的弊端

将学生视为物，必然导致教育者的独语，即形成一种片面的单向灌输理念。对学生进行片面的单向灌输相较于站在成人立场上以人为本的德育理念而言，这种单向灌输理念是一种有害的非人本德育理念。这种灌输的主要特征是把教育对象当作可被别人占有的东西，作为国家驯服工具来培养，作为美德之袋进行德育注入；实施居高临下的单向影响，师生之间是权威与服从的关系。

教育的过程是一个引出人来的过程，教育就是使自在的存在通过培养成为自为的存在。单向灌输德育理念是建立在师生关系不平等和工具化的基础上的。这种德育理念带来的只能是大学生主体地位的缺失，只能是大学生作为自在的人的延续。在实际工作中，这种德育理念忽视了大学生的生活世界，忽视了大学生的变动性、未完成性、创造性、自由个性与作为意志主体的自我独立性，忽视了大学生的道德情感的激发与培养。这种德育理念下的教师往往以一种居高临下的"权威者"的姿态出现，对学生进行一种统一规划与自上而下的"填鸭式"的教育。单向灌输理念下的高校德育是一个单向灌输、机械决定的过程，这一过程中的大学生没有思考，没有反省，没有批判，没有超越，唯一能做的就是毫无尊严地被动接受。尤其是随着现代科技主义与工具理性的发展，教师与学生之间的关系更是出现了严重的失衡，师生之间的交往变成了单纯的抽象的知识信息与经验的单向灌输、传授，否认了大学生的主体性、完整性、能动性与选择性，严重压制了大学生自主创新意识的发展，造成了学生作为"人"的情感的缺失。学生所具有的只是一种依附性的人格，只能木讷接受、毫无自由，只能进行表面应付，只能成为一种毫无创造性的被动的"利他"的工具。这导致了学生本性的淹没与本真价值的失落。

二、高校德育理念的现实困境

改革开放以来，我国高校德育迎来了很多发展机遇，同时也面临着前所未有的挑战。我国高校德育通过在回应挑战中的艰辛探索取得了积极的进展，从而增强了社会和时代适应性，对培养中国特色社会主义建设者和接班人发挥了重要的作用。但由于高校德育具有一个"大气候"与"小气候"的关系问题，加之传统思维的惯性、时代变迁的特殊性及西方不良思潮的影响，当下我国高校德育在以人为本这一崇高理念不断向前发展的同时，也陷入了诸多的矛盾困扰与现实困境，直接影响了高校德育的育人铸魂工程建构。高校德育正面临着社会转型中的不同道德体系的激烈挤压、碰撞与交融，面临着一个艰苦的磨合过程，高校德育及其理念的创新与发展承载着巨大压力，高校德育中人的健康发展、和谐发展、全面发展受到了一系列的困扰。

（一）高校德育崇高性与市场经济工具性之间的矛盾

改革开放以来，市场经济的确立与快速发展，使人逐步从自然经济的宰制中得以解脱。市场经济的竞争及对效益的追求，铸就了人们不甘落后、积极进取的效率意识和务实精神，市场经济的逐步完善为人的主体性及自由全面发展带来了良好的契机，而市场经济的各种缺陷也给人的发展带来了一些不利的影响。高校德育是一项塑造人的灵魂的神圣而崇高的工作，它的本质在于"铸魂"，它是高校教育工作的坚强支柱，在高等教育中具有不可替代的特殊地位与作用。然而，在市场经济的强力冲击下，高校德育也被加以市场化、工具化、短视化。工具理性的过分张扬，使高校德育的价值理性受到压抑，高校德育的崇高性受到了工具性的挤压，高校德育的价值与作用受到了怀疑，甚至被颠覆。

市场经济的趋利性，助长了拜金主义、个人主义、利己主义和享乐主义等价值观的蔓延甚至泛滥；市场经济在知识学习中所占核心地位的突出，使德育的作用与意义遭遇了前所未有的挑战；市场经济对自我价值的高度崇尚与诉求，使传统的集体主义道德观念受到冲击，国家、民族及全局观念变得淡薄，奉献精神遭到了否认甚至讽刺；市场经济带来的人的伦理精神的失落、个人主义的横行、金钱支配一切及人作为经济动物的异化，使高校德育中弘扬的集体主义以及社会良知遭遇了最大的嘲弄；市场经济对眼前利益与发展机会的空前关注，使高校德育倡导的个人对崇高理想与长远目标的追求消解；市场经济体制多元价值的影响与个人本位的片面追求，使高校德育价值取向中的各种消极因素不断增加；市场经济把人及人的生活方式的物化，使人自身发展的全面丰富性遭到空前压抑，出现了人与自身的不和谐，心灵遭受创伤，人正被片面的物质享受与可怕的精神贫困所撕裂，被异化为只考虑自身利益的一种单面的怪物。于是部分大学生出现了不同程度的心理失衡，是非善恶不分，理想、信念缺失，人文精神匮乏，精神家园迷失，人际关系功利化。

（二）高校德育公利性与家庭德育功利性之间的矛盾

我国是一个有着悠久历史文化传统的国家，传统对现代社会有着深远的影响，作为社会细胞的家庭自然也不例外。中国伦理重视私德而轻视对人的公德的培养，亦即重家庭伦理而轻社会伦理和国家伦理。因此，长期以来中国家庭伦理奉行的是一种功利化的理念。整体主义是中国传统社会中个人的基本价值取向，而家族主义则是整体主义的主要表现。自古以来，在中国，家庭对个人有着至关重要的意义。个人依附于家庭，家庭是个人生命的载体，而个人也必须维护家族利益，以家庭和谐为目的。个人生下来就要为家庭而奋斗，"修身，齐家，治国，平天下"是人成长的座右铭，出人头地、金榜题名、光宗耀祖就是人生在世的主要目的。

家庭是子女心灵的港湾，而父母是孩子的第一任导师，个体的早期社会化是在家庭中父母的引导下完成的。在中国家庭中，子女是父母的全部，是家庭的中心，子女的个人功利成就是父母的终极价值追求。因此，中国的家庭德育实质上是一种功利性教育，是一种以子女为中心的个人本位的德育。父母在家庭中对子女个人物质、精神资源的满足，实质上是对子女利己需求的满足，具有个人化与私人化的特点。同样，在家庭德育中父母对子女也寄予非常功利化的期盼，"望子成龙""望女成凤"即是现实生活鲜明的写照。许多父母注重子女对家庭的责任，将子女的成长成才与家族荣辱连在一起。由于功利心的驱使，许多父母只注重子女对知识的学习、能力的造就，而忽视了对子女德性的培养，当子女或家庭的个人私利与社会利益相悖时，往往将子女个人利益置于社会利益之上，忽视甚至牺牲了子女对社会的责任，割裂了个人利益与社会整体利益的内在关联。

学校教育旨在为现代文明社会培养公民，换言之，它要求一个人会过民主和法制的生活，会在民主和法制的社会条件下过尊重法律、尊重道德和尊重他人的生活，而这种公民的基本素质是需要在学校生活中逐步养成的。因此，满足社会整体利益与价值是高校德育的价值诉求，社会公利是高校德育的基本价值导向和一贯秉行的德育理念，高校德育及德育理念，具有强烈的公利性、公益性和公共性色彩。高校德育在理念上强调的是对学生社会责任的培养，强调的是学生对祖国和人民的奉献精神，强调个人价值与社会价值的有机统一。这与家庭德育以子女为中心的功利性是矛盾的，家庭德育具有明显的个人化与私人化特点。家庭德育的功利性往往给高校德育公利性的开展带来无形的障碍与损害，消解了高校德育的实际效果。高校德育如何实现对家庭德育及其功利性理念的扬弃与超越，从而增强对大学生的吸引力，提高德育育人的实效性，依然是当代中

国一个有待解决的时代性难题。

（三）高校德育价值追求与高校生存发展之间的矛盾

高校德育的价值追求可以说是高校德育的预存立场与指导思想，它同时也有着明确的价值上的德育实践。高校德育价值追求直接影响着高校德育工作的成效与价值，是高校德育的核心问题。它应与时俱进，与社会发展需要相契合，与时代背景相一致，与大学生的身心发展规律、特点相适应。但人类社会的不断进步、信息科技的迅猛发展、市场经济的高速腾飞，对高等教育的发展也提出了更多、更高的要求，高校的生存发展面临着很大的压力。近年来，在商业利益的巨大驱动下，伴随巨大的竞争压力，高校改革进行得如火如荼，而当前高等教育中德育的改革与发展在取得一定成绩的同时，也进入了矛盾的凸显期。高校德育的应然价值追求与高校德育的现实生存发展的矛盾日益突出，高校对自身生存发展的关切，压倒了对高校德育价值的重视，高校德育处于一种尴尬的境地。部分高校出现了一系列"超常规"的发展，出现了种种短期化的急功近利式的"拼杀"，甚至沦为了追名逐利的机器。面对浮躁的社会现实，高校德育正逐步丧失自身独立的价值判断，世俗的价值标准影响了高校德育自身的价值追求。

把大学生培养成自由全面发展的人，是高校德育及其理念的根本宗旨、终极价值追求，以人为本是高校德育及其理念的基本价值。以人为本不仅要使大学生掌握知识、学会做事，更要使大学生学会做人，学会正确处理自己与他人、主体与客体的关系，使大学生成为有志有为、德才兼备之人，最终达成人性完善与自由全面发展的目标。但高校生存发展的压力，使高校无暇顾及或根本就漠视了高校德育的基本价值与终极价值追求，高校德育的发展表现出了明显的工具理性与工具论的倾向。外在的社会需求与大学生内在的人性需求矛盾日益突出，工具理性与价值理性的矛盾更加凸显，受市场经济消极一面影响，高校发展和人才培养出现了误区。培养出的大学生的质量是衡量高校发展质量高低的根本，而高质量的大学生不仅要有知识、有能力，更要有创新精神与德性。一切为了大学生，一切为了大学生的成长与成才，是德育工作的核心，它要实现德育的社会价值与个体价值的统一。学会做人是大学生立身之本，只有智商没有智慧、只有文化没有修养、只有欲望没有品德、只有知识没有独创的人，不是一个健全完整的人。而高校在生存发展中一味被动迎合社会的需要，以功利性与工具性为价值追求，湮没了对大学生健全人格与完美人性的培养，忽视了大学生全面素质的培养与长期、本质的人的塑造，抹杀了人的个体性与差异性、积极性与创造性，不利于大学生的主体性与自由个性的发展，结果只能有损高校自身的可持续发展。

（四）高校德育目标过高与德育效果甚微之间的矛盾

高校德育目标是高校德育过程的灵魂与主线，它本身具有导向、调控、激励和标尺的功能。高校在设置德育目标时，应遵循以人为本的德育理念，既考虑受教育者本人的个人愿望与内在需求，又考虑社会的整体发展；既要兼顾个体与整体，又要兼顾长远与当下；在德育中既要尊重大学生的情感，不断满足和提高大学生物质、精神、社会等方面的合理需求，又要注意培养大学生高尚的社会情怀与爱国情操，使大学生的个人愿望、个人需要符合社会的需要与发展趋势；既要使大学生的个人愿望与需求社会化，又要使社会整体利益个体化与具体化，从而实现大学生个人与社会整体利益的有机结合。

高校德育的目标与大学生的个人发展需求应该是一致的，但现实中二者之间往往存在诸多矛盾，导致高校德育收效甚微。我国高校德育的目标长期存在着一种盲目的理想主义倾向，目标往往定得过于纯粹，过于理想化与统一化。这种高校德育目标过分强调德育的社会服务功能与社会价值取向，忽略了大学生个人需要、个性发展、主动性与创造性。在这种过高的目标下，高校在实施德育的过程中，往往对大学生进行完美主义的品德追求，这与高校德育规律及大学生发展规律出现了严重的背离。高校德育遗忘了作为人的本质的能动性与主动性，呈现出一种肤浅的功利化价值取向。以整齐划一的社会本位取代了以人为本，使得本已过高的高校德育目标变得更加难以企及，使大学生对高校德育不甚满意，甚至出现厌恶情绪。由于德育效果甚微，最终导致的只是大学生自主性、主体性与个体精神性的丧失，使大学生沦为一种被动接受的工具。

第三节　以人为本理念下高校德育的创新

高校德育理念不仅是一个观念或理论上的问题，更是一个具体实践问题。因为理论终究要回归实践，并接受实践这个唯一标准的检验。对高校德育理念的创新建构，不是对传统德育的简单抛弃，而是在继承基础上的新的探索，在反思基础上的积极扬弃与超越、提升。高校以人为本德育理念的创新建构，实质上就是通过对传统德育的继承和新的探索，在思想、理论与实践层面切实体现以人为本，真正使以人为本这一理念成为德育思维的根本性逻辑支点，成为德育实践的根本原则与方法的灵魂。

一、牢固确立为了学生与依靠学生相统一的观念

在人类发展的历史长河中，人始终是科技发展、社会进步的主人与目的，更是世界发展的动力与灵魂，以人为本理念正是这一思想的重要体现。以人为本不仅回答了为

什么发展，即发展"为了谁"的问题，而且也回答了怎样发展，即发展"依靠谁"的问题。它主张人不仅是发展的根本目的，也是发展的根本动力，并认为只有二者的有机统一，才能构成以人为本的完整内容。因此，高校建构以人为本的德育理念，首先就要在指导思想上牢固确立"为了学生"与"依靠学生"相统一的观念。

（一）一切为了学生

以人为本的高校德育理念的根本含义是以人为中心，一切为了人，一切依靠人。其中更为根本的是一切为了人。因此，在高校德育中坚持以人为本首先在思想上就要认识到，大学生是高校德育发展的本质目的，高校德育的发展就是"一切为了学生""为了一切学生""为了学生的一切"。这就要切实做到：

第一，将学生的成长成才作为高校德育的出发点和归宿，把关爱学生作为德育工作的基础，合理利用学校的有效资源做好德育工作。

第二，在深堂教学中建立师生双方的互动模式，改变过去教师单向知识灌输的理念，切实尊重学生的情感、需要，尊重学生的个性与主体性需求，注重学生对德育知识的内化与吸收，切实调动学生的学习积极性，提高学生的德育实践能力，从而达到德育知识的融会贯通，并能自觉做到学以致用。

第三，更加关注大学生自身价值的实现与社会的归属感，尊重、重视每一位大学生正当的利益需要与人格尊严，要积极为优秀学生、学生干部及学生党员创造有利条件，保障他们更好地成长与成才；对高校中家庭经济困难的学生，给予情感的关怀与真诚的帮助，帮助他们建立起自信；对那些存在潜在的心理问题的学生，给予重点的关注，予以适当、积极的引导，让他们更加健康地成长。

第四，树立全方位育人的理念，切实为大学生营造良好的环境与获得全方位培养的氛围，通过创造性地开展一些体验式课堂教学、素质拓展游戏、主旋律教育等丰富多彩的活动，让大学生在提高能力的同时，达到形成良好的道德素养与行为习惯的目的。

第五，通过学风建设、班级和宿舍的日常管理，通过鼓励大学生对各种实践活动的积极参与，培养他们的协作精神、创新精神与科研能力；通过个人或团体的方式，对大学生进行必要的辅导，帮助学生较好地完成自我认知，做好自己的职业生涯规划，从而切实减轻学生面对严峻的就业压力所产生的心理负担，从而以满腔的热情投身到中华民族伟大复兴的建设中，更加自信与欢快地迎接美好的明天。如此，方能切实提高高校德育的针对性与实效性。

（二）自觉将外在要求转化为内在需要

"为了学生"是以人为本的高校德育理念的价值追求，而"为了学生"必须要建立在"依靠学生"的基础之上。因为"依靠学生"是真正实现以人为本的力量源泉与动力之源。停留在他律阶段的道德规范，无论人们怎样尽职地去遵循它，它终究是一种外在于道德主体的异己力量；只要道德主体尚未将道德规范内化为自己的道德品格，尚未走完从他律到自律的历程，那么道德规范的道德性就是不完全的，即不是严格意义上的道德规范。道德是人为自身的立法。德育应该是人内在的自觉需要，而非任何外在的强制。因此，以人为本的高校德育理念的建构并取得实效，归根到底还得要靠大学生自身的努力，依靠大学生积极性、主动性和创造性的充分调动与积极发挥。这就需要在观念上实现大学生由高校德育的客体到主体的转变，即转变工具论的德育功能观，尊重大学生作为"人"的本质特征，切实把学生看作高校德育工作的主体，认识到学生具有高度的独立性、自主性、能动性、创造性与主体性，尊重学生的需要、自由、尊严与终极价值，尊重学生自主话语权、取向权与选择权，不断造就学生新的需要、能力、素质、行为与活动方式，培养学生的主体意识与审美情趣，丰富学生的经验与学识，发挥学生的潜能，提高学生的实践能力，塑造学生的高尚品德与良好品质。充分发挥大学生的主观能动性，发挥他们的自我教育作用，通过他们学习能力、思维能力、判断能力、实践能力与创新能力的不断提高，让学生自己教育自己、自己塑造自己，并通过同学之间的相互教育，达到彼此的互动与互助。如此，学生方能逐步与教育者产生情感的共鸣，自觉、主动地用理性去衡量与解决各种矛盾与冲突，自觉树立起与时俱进的时代精神，养成良好的道德品质，积极培养自身高尚的道德情操，真正将德育知识外在的"占有"上升到对德育本真的内在"获得"。只有努力发挥大学生自身的作用，通过他们的自我教育与自我完善，他们才能切身感受到以人为本的高校德育理念中"为了学生"的本质内涵，并通过积极的行动落实，达到大学生自身素质的提高，实现自我价值，从而使以人为本的高校德育真正取得事半功倍的功效。

二、聚焦大学生的自由全面发展

（一）从高校德育无根性向终极价值关怀转化

培养真善美统一的完美人格，便是教育的终极价值。真善美的统一，可以实现人对自身本质的科学、合理与全面的占有，实现人与自然、社会、他人及自身的和谐统一，这当然也是高校德育的最高目标。但这毕竟是一个应然目标，离现实还有一定的距离。在高校德育教育研究中，有的人在反思以往德育目标过高的同时，又走向了另一个极端，

即走向了对高远德育目标的盲目否定，缺乏对德育目标深入的研究与理性分析，而是简单否定。这种简单的否定，带来的只是人的精神家园的迷失，只是人的德性的匮乏。在高校，只有使德育目标转向对大学生的终极价值关怀，才能使大学生树立起更加远大的理想，具有更强大的精神支撑，才能使他们在痛苦、彷徨与困惑中重新找回自己迷失的灵魂，生活得更加丰富多彩、充满自信与活力。

（二）从德育目标泛化向德育目标人性化转化

我国高校在德育目标的确立上，往往只注重目标的高尚性、统一性与同一化。德育目标忽视了人的本质，忽视了大学生的德性培养、人格完善与可接受性，忽视了德育的现实外部环境，缺乏社会性、适应性、层次性、渐进性与个体适应性的有机统一，从而使高校德育仅仅流于一种"假、大、空"的说教，导致高校德育的可操作性与实效行动低下，不利于大学生的健康成长与成才。高校确立以人为本的德育理念，就要在德育目标上实现从泛化向人性化的转变，逐步形成和发展大学生的主体性道德人格，回归大学生的现实生活与内外环境，尊重大学生的主体地位与个体差异性，兼顾个人利益与社会整体、人类终极价值需要。高校还要对大学生的崇高理想、人格完善与德性培养给予必要的引导，让大学生能够在现实的道德价值冲突的情境中，自觉、主动地做出合理的价值分析与判断，进行正确的道德选择，并能自觉践行高校德育规范，真正成为有德性的人，逐步推进高校德育理想目标与现实目标的最终达成。

（三）从德育目标世俗化向对人文精神的关照转化

在高校德育研究中，有的人在否定高校德育崇高性的同时，转向了对高校德育世俗化的热衷，往往将规范式的德育异化为了高校德育的目标，或者让高校德育去对实用主义、物质利益盲目尊崇，使得大学生成了追名逐利的工具与机器。这造成了人与人、人与自然、人与社会、人与他人之间关系的异化，彼此之间交往除了金钱、利益，别无其他。因此，高校德育在目标上，迫切需要加强对大学生人文精神上的关照，也迫切需要加强对大学生的心理疏导，唤醒他们心中沉睡已久的对崇高理想与真善美的渴望，从而使人与外界的关系更加和谐、美好。如若离开了对大学生人文精神的关照与心理疏导，大学生就会变得诚惶诚恐，精神上毫无依归。我们很难想象一个精神的流浪者与心灵的空虚者，会有一个健全的心理；很难想象一个没有精神支柱与终极关怀的民族、国家，会有光明而远大的前途。

（四）从德育目标片面化向人的综合素质全面发展转化

以往的高校德育往往注重对大学生进行片面的知识传授与单向灌输，忽视大学生综合素质的全面提高与发展。德育教育者与大学生之间彼此"关心"的焦点只有分数，这种德育培养出的往往是接受知识的"美德袋"与盛装德育知识的容器，造成了大学生的片面发展。如今，随着市场经济的快速发展与科学技术的突飞猛进，有的高校在德育目标上又转向了对市场经济与科学技术的盲目追随，在培养大学生时只注重即时性与短暂性的效果，或者人文教育与科学教育缺乏一种必要的融通。在大学生的培养上，缺乏一种全面、长远、可持续的战略眼光，从而使高校德育失去了崇高性与科学性。片面发展的人是掌握不了人类文化的整体价值的，偏执一端往往给大学生带来残缺的人生体验与无尽的人生遗憾。因此，高校德育在确立目标时，既要注意大学生的健全个性培养，更要关照大学生的自由全面发展。要对大学生进行必要的市场经济理论、民主法治、科技常识、就业指导、心理健康等的教育，实现人文教育与科学教育的有机结合，使大学生的综合素质得到实质上的提高。要让大学生更有自信地坚强面对与战胜各种困难与挑战，以更大的自信去进行实践探索与创新，从而更好地实现与外部环境的良性互动与和谐发展，实现自身内在的自我转化与主体人格的完善。

三、坚持大学生个人价值与社会价值的统一

（一）凸显大学生的个人价值

人们的社会历史始终只是他们的个体发展的历史，而不管他们是否意识到这一点，首先应当避免重新把"社会"当作抽象的东西同个人对立起来。人是社会的存在物，因此，高校德育要以人为本，首先就要凸显大学生的个人价值，满足大学生的个人需要。大学生个性的发展、个人利益的满足，是国家、社会创新发展的一个重要条件。确立以人为本的高校德育理念，就要在价值追求上，既着眼于社会整体利益的满足，更重视学生个体利益的实现；既满足学生的现实需要，更立足于学生未来发展、需要的满足。当代中国教育价值取向上强调教育的社会工具价值，经常以牺牲大学生正当利益与正当价值为代价，去片面迎合社会利益的需求，无视大学生个性的发展与个人利益的需要，具有一种明显的"目中无人"与"实用工具化"的倾向。这严重挫伤了高校德育的可信度，遭遇了大学生内心世界的拒绝，造成了高校德育的收效甚微。因此，确立以人为本的高校德育理念，就要在价值追求上贴近学生生活，贴近学生实际，贴近学生思想，不断满足大学生在学习、生活、心理、就业等方面的现实利益与需求。只有达到社会价值与大学生人性的相通融，正视大学生的个人利益，最大限度地满足大学生最直接、最现实、最关心的现实利益需求，最大限度地实现大学生的个人价值与幸福美好的愿望，才能确保以人为本的高校德育的可接受性，使高校德育更具可信度与亲和力，从而为大学生谋

求到一个更好的生存发展，并能自觉、主动去为社会、集体利益作出更大的贡献。

（二）达成个人利益与社会责任的有机统一

以人为本不仅肯定人的发展完善的最终目的性，而且肯定社会的发展是人发展的条件与基础。它培养的学生在国内外更受欢迎，并获得杰出的成就，那么，这所高校距一流的目标就更近。因此，高等教育包括高校德育要取得积极进展，离不开对大学生个人的培养，更离不开对社会、对国家的责任。其实，个人为社会作贡献，可以促进社会的整体进步，从而最终达到个人利益的满足。因为国家与社会的整体利益，正是个人现实或长远利益的反映，并且，个人只有融入国家与社会之中，才能有更好的生存与发展，才能真正有所作为，达到自我利益与价值的最终实现。

第三章 新时期高校德育教育机制的创新

第一节 高校德育运行机制创新

随着时代的发展，人类社会进入了二十一世纪。新的世纪有新的环境、新的规则、新的理念、新的发展。在构建和谐社会的大背景下，在建设社会主义现代化强国的过程中，我国高等教育事业也取得了长足的进步。高等院校大规模扩招，高校在校生结构日趋复杂，这对高校德育工作也提出了新的挑战。在国家的高度重视下，在广大德育工作者的辛勤劳动、刻苦钻研下，我国高校德育工作取得了巨大的进步。但是新的时代、新的环境以及不时发生的事件，要求高校德育必须进行创新改革。

一、"三个面向"和高校德育及其运行机制的综合分析

（一）我国高校德育现状

随着市场经济的深入发展和高等教育制度的改革，我国的高校发展步入了快车道。高校的数量和质量都得到了很大的提高，各个高校不断加大对学校基础设施建设的力度以及对优势学科的扶持力度。高校的飞速发展令人欣喜，在广大教育工作者的共同努力下，形势一片大好。但是一个不容忽视的问题摆在人们面前，这就是高校德育工作未与时俱进，其对社会主义高校健康发展的保证作用以及对学生全面发展的促进作用未能达到预期的效果。总结一下德育工作存在的问题，主要表现在以下几个方面：

1. 高校德育工作目标模糊

德育目标是德育的出发点和归宿，为德育活动指明了发展方向和前进目标，提供了蓝图和依据，指导、调节、控制着德育过程，从而使德育工作者在德育内容的确定、德育的方法和形式的选择与运用、德育效果的检测与评定等方面更具有自觉性和目的性。可见，德育目标是实施思想、政治、品德教育所期望达到的结果。确立高校德育目标是高校德育的首要问题，它决定着高校德育的内容、方法和形式等，对整个德育过程起着指导、调节、控制的作用。因而，研究和确定高校德育目标，对于发展高校德育理论和指导高校德育实践，增强高校德育的科学性、实效性，具有举足轻重的作用。但是，当

代大学生德育目标仍存在一些问题，主要有以下两点：

第一，高校德育目标未明确提及大学生要全面发展。改革开放以来，经过认真的反思总结，逐渐认识到人的全面发展和改善人民物质文化生活是互为前提和基础的，人越全面发展，社会的物质文化财富就会创造得越多，人民的生活就越能得到改善，而物质文化条件越充分，越能推进人的全面发展。随着我国经济水平的发展和人民生活水平的提高，人的全面发展越来越受到重视，而它的实现就需要提高全民族的整体道德素质，但是目前部分高校制定的德育目标中没有明确提到人的全面发展。

第二，高校德育目标没有明确大学生要具备创新能力。当前，我国的教育受传统文化影响，缺乏创新意识，加上"应试教育"的盛行，致使我国高校培养的毕业生缺乏创新意识和实践能力。当前我国部分高校德育目标中没有明确培养创新精神和创新能力，这与当今世界和中国经济社会的发展极不吻合。

2. 传统德育观念亟须与时俱进

部分高校、教育者的某些传统德育观念尚未改变，只重眼前利益，缺乏对大学生未来发展的关照。"三个面向"是我国教育的战略方针，同时也是高校德育工作的指导思想。在高校德育中贯彻落实"三个面向"的核心所在，就是要按照立足于现实与着眼于未来相结合的原则确定与实施高校德育目标。部分高校对于爱国、爱党、爱集体、守纪律、爱学习等德育要求普遍比较重视，但对于学生将来走向社会，特别是知识经济与未来社会对学生的要求却有所忽视。这样就可能导致由于缺乏对大学生德育的相关内容进行与时俱进的更新的意识，使得德育工作者在教学时忽视对"四个自信"、社会主义核心价值观等党的最新理论成果的讲授，或者虽然在时事政治中略微提到但不能深入，使德育在教学内容上不能跟上党的理论发展的需要、不能跟上时代发展的要求。学校德育是发展学生道德认知，陶冶学生的道德情感，培养学生的道德、行为、习惯三个相互联系的方面的统一体，而当我国国际、国内环境发生了变化，社会的道德价值观日趋多样化，每一个人都不得不面对各种各样的利益冲突和道德冲突时，学校德育的重点就需要从传统道德上的传授金科玉律转向培养学生的道德思维能力（道德判断、道德推理、道德抉择能力）以及道德敏感性（对环境及他人情感、利益和需要的敏锐的感受性）方面上来。由此可见，在一个价值多元的社会里，学校以及师者应随着时代的发展不断更新观念，将眼光投向未来，对发展中的德育有一个正确而长远的把握。只有这样，才能使得德育的作用更好地反映到国家的现代化建设中去。

3. 德育内容滞后

德育内容滞后、不完善、缺乏时代感，是当前一些高校德育工作的通病。由于大学德育课程与中学教育内容简单重复的不少，这样的课程内容很难在学生内心深处产生感悟，引起共鸣。大学生的思维是活跃的，情感是炽热的，眼光是敏锐的，他们对当前的现实矛盾、热点问题和敏感问题充满好奇，充满热情。目前高校对当前各种现实问题及相关理论问题探讨很少或干脆避而不谈，这更导致了学生对高校德育力倡的那些道德理念缺乏认同，毫无兴趣，不能把握其精髓，更难以做到普遍接受和自觉内化，这便降低了政治课的教育性、针对性和实用性，违背了开设这些课程的初衷，甚至适得其反。细看高校德育课程的内容，发现无论是作为必修的《马克思主义理论》和《思想品德》，还是作为选修的社会学、政治学、世界政治经济和国际关系等，虽然都对培养学生高尚的理想情操和良好的道德品质，引导和帮助学生树立正确的世界观、人生观和价值观起到了积极的作用，但随着社会形势的不断发展，这些系统的德育课程内容明显地体现出滞后性和不完善性。

（二）"三个面向"和高校德育及其运行机制的关系分析

从国内来看，我国正如火如荼地搞社会主义市场经济，进行现代化建设；从世界范围来看，经济全球化愈演愈烈；从未来发展来看，知识经济将会成为人类社会的主要经济形态，初见端倪的知识经济预示着人类经济社会生活将发生新的巨大变化。在新的历史条件下，如何认识和解决新出现的问题，实现高校德育的创新及发展，培养出"四有"新人兼有"现代人""国际人"和"未来人"的素质，是摆在人们面前的重大课题。虽然"三个面向"战略方针的提出已经过去很多年了，但它是关于教育发展总趋势、总方向的战略思想，今天仍对我国整个教育包括高校德育的创新及发展具有宏观指导意义。

1. 高校德育创新坚持"三个面向"的必要性

新时期高校只有围绕现代化建设来进行，才具有针对性，才能推动新时期德育的创新及发展，才会富有成效。只有彻底放弃以往德育单纯地为阶级斗争服务的思想，只有树立为改革开放和现代化建设服务的新理念，才能使德育在培养适应改革开放和现代化建设需要的优秀人才方面发挥重要的作用，才能使高校人才适应当今经济的发展和世界的变化，跟上时代发展的潮流。

以"面向现代化"为高校德育创新发展的立足点，从改革开放的伟大精神出发，培养德育素质过关的、适应现代化建设的合格的接班人，大力倡导他们的自立意识、竞争意识、创新意识等，培育符合现代要求的健全人格；激励他们牢固树立机遇意识和开

放意识，立足自身发展，着眼世界潮流，在经济全球化进程中发展壮大自己，实现中华民族的伟大复兴。

2."面向世界"是高校德育创新及发展的必然趋势

由于经济全球化加强，网络文化的发展以及培养国际素质人才的需要，德育出现了"面向世界"的趋势。"面向世界"就是要突破地域和民族的界限，向世界各国学习，吸取人类共同创造的知识财富。教育包括德育，要主动适应新形势，为培养大批能活跃于国际社会的中国优秀人才服务。

二、基于"三个面向"高校德育运行机制的优化创新

以"三个面向"为基础，对高校德育运行机制进行优化创新，是建立在对高校德育工作各构成要素研究基础之上的，是建立在对高校德育运行现状深入分析的基础之上的。高校德育运行机制建设，力求从整体上和运动中来把握高校德育工作的机能和特性，这是解决当前高校德育运行机制中存在问题的重要途径。

（一）基于"三个面向"高校德育运行机制的要素优化

机制构成要素是参与机制一定活动的相互发生作用的变量。高校德育运行机制要素的特点、各要素之间的关系和结合方式、规范性的制度章程与运行方式决定了高校德育运行机制的具体特性，这些结合方式把有序性与目的性联系起来，是高校德育运行机制的一种内在表现形式。因此，使构成要素在相互作用过程中保持一种合理的结构与良好的运行状态，是提高机制整体效用的有效途径。否则，就可能造成要素残缺、目标模糊、结构失调、机制紊乱、时序倒置和功能低下，甚至使整个机制分崩离析、运转凝滞。研究高校德育运行机制，必须对构成高校德育运行机制的诸种要素进行细致的分析。

第一，以"三个面向"为指导方针，与时俱进，确立科学合理的德育运行目标。就高校德育运行目标而言，高校德育运行机制的目标是高校德育运行机制运行所期望达到的成就和结果。它规定着高校德育运行机制系统的内容及其发展方向，是高校德育运行机制的出发点和归宿，制约着整个高校德育运行机制的运行过程。高校德育运行机制有效运转的前提就是必须要有一个科学的目标。

以"三个面向"为指引，适应社会发展需要，不断创新高校德育运行目标内容。首先，适应经济全球化的要求，把培养大学生的现代化意识、世界意识和未来意识作为高校德育目标内容之一。经济全球化要求大学生学会放眼世界，要有全球意识，做一个全球人。勇于挖掘和借鉴世界上一切的优秀文化和文明成果为我所用，同时包容时代精神和一切先进的理念。所以，做个全球人应该成为高校德育目标的内容之一。其次，

适应信息化社会的要求，把"学会选择"作为高校德育目标的内容之一。大学生是具有一定人文素质的社会特殊群体，他们思维活跃，易于接受新的文化信息和道德观念，在道德教育中具有极强的可塑性。由此，高校的道德目标体系在重新构建时必须高度重视德育过程，注重教育过程中"教育主体"的道德思维训练，坚决摒弃传统的"教会顺从"的道德教育弊端，在社会逐渐走向价值多元化的网络时代教学生"学会选择"。"学会选择"的德育目标是一种新型的道德教育观，它要求大学生在接受教育过程中学会选择道德取向，以"主体"的形式参与道德教育过程，在选择中既保持自己原有的合理道德观念，又同时确立新的更为合理的道德取向。"学会选择"的道德教育要求高等学校在德育过程中重视教会学生选择的方式，突出教育的全过程，强调学生的自主选择，这是真正牢固的、充满活力的道德品质形成的关键，也是网络时代对大学生步入社会的一种根本期待和需求。

第二，坚持以学生为本，发挥教育者主导作用，全面提高德育运行主体素质。以学生为本，切实树立学生在德育中的主体地位。现代高校德育的目的并不是要求受教育者简单地认同和接受教育的内容，而是要求受教育者能够在现实生活中创造性地运用相关内容。在"三个面向"的指引下，以受教育者发展为本，着力培养受教育者的创造力、意志力、亲和力、道德判断能力、道德选择能力和独立人格，构筑精神支柱，发掘创造潜能。德育的出发点不是禁锢人、束缚人、约束人，而是"一切为了学生，为了一切学生，为了学生一切"。应坚持一切从受教育者实际情况出发，把尊重人、理解人、关心人、帮助人、提升人作为德育工作的准则。德育工作者应以极大的热情和高度的责任感对待受教育者，从思想上、学习上、工作上、成长与发展等方面全面关心他们，使德育同解决他们的实际问题结合起来，使德育落到实处，收到实效。

第三，全程跟踪德育运行，实时反馈调节，优化德育运行控制。高校德育运行的控制是指从高校德育目的出发给予高校德育运行的限制，它是达成高校德育运行目的不可缺少的保证。依据高校德育运行的规律，要控制出成效，必须着眼于运行的全过程，随时根据反馈的情况，进行相应的调节。首先，在机构和人员设置上，设置以思想动态的调查研究为专职的调研机构和调研人员，确保结构完整、人员齐备，能够及时反馈信息。其次，在反馈系统方面，建立好双向前提下的全方位的反馈系统，确保反馈信息的准确性。这里不仅包括德育系统内部不同级别、不同层次德育机构之间的相互反馈的纵向子系统和同一层次担任不同职能的德育机构之间的相互反馈横向子系统，还要包括德育系统内部和外部德育环境之间的相互反馈系统。在高校德育运行系统中，除了班级、院党团组与团委、学生处以及校党委之间的反馈环节及团委、学生处与学生德育的相关

部门教务处、总务处、保卫处等的反馈环节外，还应包括学生家庭、社区、社会、网络和学校之间的反馈环节。这样纵横交错，互通信息，相互配合，取长补短，从而使各职能部门充分发挥各自的特点和优势，形成教育合力。

（二）基于"三个面向"高校德育运行子机制创新优化

1.完善高校德育工作激励机制

针对目前高校德育运行机制存在的问题及高校德育主体多层次、多结构的需要，在基于"三个面向"高校德育运行目标的指引下，综合运用各种激励手段和措施，进一步完善激励机制，激起高校德育运行主体无限的热情，共同把高校德育工作向前推进。

正确把握激励原则，引导建立合理的激励机制。具体地说就是，一要坚持认真贯彻执行党的教育方针、政策的原则。高校德育激励机制的建立必须认真贯彻执行党的教育方针、政策，紧紧围绕学校的中心工作，否则，就不可能充分调动德育运行主体的积极性。二要坚持兼顾国家、集体和个人利益的原则。三者的利益在根本上是一致的，但在具体利益上有时会有一定的矛盾，当国家利益、集体利益和个人利益发生冲突的时候，绝不能只顾一头，应该同时兼顾各方的利益。三要坚持满足德育运行主体正当需要的原则。要激发人的积极性，就必须满足人的需要。而人的需要是多种多样的，对于那些正当的、合理的需要，高校应该尽可能地给予满足。只有坚持上述原则，才能真正起到调动人们的积极性的作用。

正确使用激励方法，创新激励机制。能够激励人的因素很多，激励的方法也很多。一般可以从环境和个体两个方面来考虑。从环境因素上讲，要经常制造一些有益的冲突，来引起人们适度的心理紧张，从而产生驱动力，激励人们采取行动，如可以通过制定工作目标、公开布置任务、规定工作标准、鼓励良性竞争等方式来营造良好的激励环境。从个体因素上讲，在精神上和物质上对德育运行主体进行激励，发挥德育工作的自我激励作用，引导由外部激励进而逐步达到自我激励的境界。努力激发个体的主人翁意识，充分尊重其主人翁地位，如广开言路，鼓励德育运行主体对自己所从事的工作及学校的其他事务多提改进意见和建议；对取得的成绩及时给予肯定和表扬；主动关心他们的学习、生活、工作等，切实为他们排忧解难等。只有因势利导，因人而异，合理使用激励方法，才能充分调动人们的积极性。

2.优化高校德育工作保障机制

实践证明，过去那种"一支笔，一个本，一张嘴"的工作方式已不适应新的形势发展的需要。开展德育工作要有必要的人力、物力、财力和必要的物质实施，这是德育

工作有效开展的前提和保证。

（1）队伍保障

高校德育必须有一支政治强、业务精、作风正的队伍作保证。首先要加强政工队伍的培养，使他们的知识能力、心理素质能全面适应新时代、新形势的要求。同时要按照提高素质、优化结构、相对稳定的要求，选拔一批德才兼备的中青年干部，充实德育工作队伍。培养一批专家化、职业化的专职政工干部。其次是切实关注政工队伍的利益，因为利益是思想政治工作的起点和归宿。最后是领导开展组织调查，各级领导要经常深入师生，听取情况反映，及时准确地掌握教职工的思想动态，针对本单位突出的、深层次的思想问题和热点问题，理顺情绪，化解矛盾，协调关系，做好引导工作。

（2）资金保障

德育的经费开支必须纳入大学生培养成本的核算体系之中，否则，经费保障就是一句空话，各项工作就达不到预期的工作目的。国家财政拨款预算，必须考虑适当的系数。拨款时必须加上德育经费这一块。针对目前大学规模膨胀、大学不断扩招的实际情况，中央财政和省级财政拨款应该及时到位，确保正常的德育工作顺利进行。就高校本身来讲，在每年的年度预算中必须加大对德育工作经费的投入，切实保障德育工作必要的资金，用现代化的技术来支持学科建设、教材建设；鼓励教学方法创新，进行政工部门及各种宣传工具的配备；学习室、资料室、图书室、广播室、基层党校、团校、干校等阵地实施建设需要有资金投入，学生社会实践同样需要经费，改进校园网络建设、投资校园文化等也需要经费。可以不细算，但必须保证分期、分批，逐步、逐年到位。

3. 改进高校德育工作评估机制

我国高校德育评估历史可以追溯很远，这当中也经历了不少阶段，发展到现阶段已逐步形成着眼于在德育过程中不断发现问题改进问题、帮助高校在原有基础上获得发展、重视激励以及形成性评估的运用、促进高校德育的发展与提高的德育运行评估机制。目前我国高校德育运行评估机制在很多方面还存在着不足，制约了评估机制自身的发展，也影响到了高校德育正常健康运行。在分析了相关机制要素的基础上，依据高校德育运行的特点，对高校德育运行评估机制进行必要的完善。

充实评估主体，调整评估方式。德育质量由谁来判断是德育评价逻辑起点问题。已有的德育评估活动往往强调专家的作用和权威性，评估一开始首先就是成立专家组。由专家组成评估主体有其自身的优势和客观依据，但专家并非德育活动的直接参与者、德育的直接消费者和当事人，他们并不能替代其他与德育相关者的意见和要求。因此，应积极倡导各种社会力量、不同的利益主体参与德育评估活动，建立一支在高校德育决策机构领导下的，以评估专家为主体，教师、学生及家长为辅的，广泛吸纳社会中介机构、用人单位等各种社会力量参与的多向评估队伍，逐步形成一个"教师自评、同行互评、专家评估、学生评估"相结合的多向动态的评估方式。这样可以使施教者在德育过程中全面了解教学中存在的差距，及时调整；能全面反馈德育内容以及德育实践的运作情况，为教育者和德育机构进行德育决策提供一手资料；有利于提高德育工作者的工作热情和激发受教育者的内在学习动机。

第二节　高校德育动力与德育动力机制创新

在研究德育动力机制之前，必须对德与道德，德育与道德教育、思想教育的概念进行辨析，把动力、动力机制与德育动力机制的内涵进行界定，然后对德育动力机制的动力结构、德育动力系统中可能存在的子系统、各子系统的组成元素、系统的功能与功能结构进行探讨，最后进一步研究德育动力机制的基本结构、基本类型以及运作过程与手段。

一、德育动力机制的动力结构

对系统进行结构分析是系统研究的基础。一个复杂系统是由元素和子系统组成的。系统的结构，是指系统各组成元素和子系统之间关联方式的总和。元素是系统和子系统的组成部分，但具有基元性特征，相对于给定的系统它是不能也无须再分的最小的组成部分，元素不具有系统性，不讨论其结构问题。德育是个极为复杂的系统，对德育动力机制系统进行结构分析，既是研究复杂德育动力系统的前提，也对研究者研究的路向具有决定性作用。

（一）德育动力系统的子系统

划分子系统是结构分析的重要内容。一般而言，可以从不同的视角对子系统进行划分。如德育的主体动力系统结构，可以包括教育主体动力结构、受教育主体动力结构、社会主体动力结构、政治主体动力结构等；德育的组织动力系统结构，可以包括政治组织动力结构、经济组织动力结构、文化组织动力结构和社会组织动力结构等；德育的方法动力系统，包括德育研究的方法论系统和德育实践的方法论系统；德育的技术动力系统，包括德育的各种技术手段的使用。当然，德育动力系统是一个极其复杂的系统，根据研究需要，可以从不同方面把德育动力系统划分为不同的子系统，每个子系统又可分

为不同的层次。虽然无论从哪个方面划分子系统，在复杂德育系统内部的联系还是交织一起的，但每一个子系统相对于母系统又具有一定的相对独立性。

德育动力系统依据不同的划分标准，可以划分为不同的动力系统类型，在不同的动力系统类型之中，其思想内涵可能有重叠性或交叉性。然而，德育动力系统是一个完整的整体，为了更加全面地认识德育动力系统，可以依据动力系统的结构性特征划分为内在动力构造要素、外在动力构造要素和整合动力构造要素所形成的动力系统类型。一是内生动力系统，是指德育内在过程的动力构成要素的结构与功能及其发生作用的动力系统。二是外生动力系统，指的是德育的各种外在动力构造要素的结构与功能及其发生作用的动力系统。三是联动动力系统，指的是德育发展各个过程、各个环节实现良性互动的各种有效协调和整合要素的结构与功能及其发生作用的动力系统。

（二）德育动力子系统的组成元素

每个子系统都是由一定的元素组成的。有些子系统由多个元素组成，有些子系统只有一个元素组成。系统是一个整体，但系统之间、各子系统内部组成元素之间不是孤立的，相反，它们是相互联系、相互作用的有机整体。不同系统之间、各子系统内部组成元素之间的相互作用，在何种规则的控制下发生作用，如何作用，有何规律，这是德育动力机制结构演化的关键，也是探讨德育动力机制的基础。内生动力系统、外生动力系统和联动动力系统，都有各自的组成元素。

各子系统在一定的德育环境条件下彼此之间相互制约、密切联系，共同构成一个不断矛盾运动的德育动力系统，任何一个子系统的变化，都不可避免地对其他子系统产生影响，从而对整个动力系统的效能发挥产生影响。因此，系统全面地研究德育动力系统中的子系统及其构成要素，明确各子系统及其构成要素是如何作用于德育的，并且揭示其作用规律，对进一步优化德育动力系统结构、促进德育发展具有重要意义。

二、德育动力机制的运作机理

德育动力机制是指在德育动力产生和发展过程中，德育内部要素、外部要素与整合要素之间相互作用的机理与方式，是促进德育良性运行与协调发展的各种构造、功能和条件的总和。

（一）德育动力机制的基本结构

根据动力机制的一般定义，德育动力机制由外围结构与内核结构两个部分组成。外围结构又包括动力主体、动力传导媒介以及动力受体。

根据需要主体的三个层次，动力主体可以分为个体（微观层次）、群体和集团（中观层次）、国家和社会（宏观层次）。在整个德育活动中，德育主体是贯穿整个德育过程的组织者、参加者，既是德育的出发点，也是德育的目的和归属。具体到德育动力机制中的德育动力主体，还应该进行进一步的细分。根据主体在德育过程的角色与功能的不同，可以把德育主体分为教育主体、受教育主体、社会主体和政治主体。这四种主体之间的主体性与主体间性的融合，在特定的德育关系与德育实践中存在一种相互理解、相互融通的互动与作用关系，并且各主体之间所发出的动力可以通过一定的媒介互相传递。

动力传导媒介是德育动力从一个动力主体传到另一个动力主体的渠道，也是德育动力积累和递增的主要凭借之一。它能把教育主体、受教育主体、社会主体和政治主体的德育动力整合为一体，成为德育的整体动力。首先，利益是最重要的动力传导媒介。政治主体经常通过利益这一传导媒介，将自身的德育动力化解，传递到教育主体、受教育主体和社会主体等动力主体身上。社会主体、教育主体和受教育主体在政治主体整体规划的德育目标所规定的利益导向下，开展创造性的德育活动，培养道德行为，形成道德习惯，以此满足利益需求。这样，政治主体就把自己的德育动力传导到了其他德育动力主体身上。反过来，其他德育主体形成道德习惯，实践道德行为又使德育计划、目标得以实现，从而使政治主体的利益得到了保证。实际上，所有德育主体的动力通过利益这一传导媒介相互传递而凝聚成为实现德育整体利益的动力集合。其次，文化也是重要的动力传导媒介。因为文化价值观和文化模式通过社会化和内化过程，可以融入主体的人格系统里，必然对动力主体的需求结构、价值观等产生影响并可能发生改变，从而使他们的动力发生变化。最后，信息也是重要的动力传导媒介。因为某一动力主体可以将动力以信息的形式传给另一个动力主体，使之知晓，或认同执行，或反对抵制，或置之不理。如政治主体可以通过广播、电视、网络、报纸、教科书等媒体进行德育的宣传，将德育政策、德育目标、德育规范等告知其他德育主体，使之认同执行。教育主体往往也通过丰富多彩的渠道和多种多样的形式，如利用 PPT、视频、动漫等多媒体，将德育内容（道德信息）融入其中，把枯燥的道德说教变成潜移默化的道德体验。当然，德育动力通过信息这一传导媒介可以在德育主体间进行相互传递。

动力受体是指德育主体获得需求满足的对象、工具、资源等。需求满足的对象被称为满足物，最简单的划分是物质满足物与精神满足物。任何以物质形式存在的满足物都被称为物质满足物；反之，以非物质形式存在的满足物，如爱、权力、地位、荣誉等被称为精神满足物。工具则是德育主体在满足需求的过程中设计和创造出来的，是动力

作用于满足物或为了获得满足物的桥梁。社会资源作为动力受体，在于它可以被改造为某种满足物，或作为工具去获得某种需求的满足物。

德育动力机制的内核结构包括动力源、动力方向、动力贮存体和道德行动四个要素。动力源是指德育主体的内在需求，它产生的动力是原生性动力。动力方向指动力与德育目标一致或相悖，直接关系到动力主体的动力性质和动力机制的性质。不同的动力主体，动力贮存体的形式是不同的。教育主体的贮存体就是其教育能力，受教育主体的贮存体就是其接受教育和道德行为的能力，社会主体的贮存体就是团体、集体或群体的凝聚力，政治主体的贮存体就是其政治、经济、文化实力，包括现实生产力、科技水平以及建立在经济基础之上的权力体系和执政能力。道德行动是德育动力的直接表达。各德育主体将自身的动力转化为道德行为，各主体恪尽职守，教育主体、受教育主体践行社会公德、家庭美德和职业道德，社会主体和政治主体遵循政治文明依法执政，促进物质文明、精神文明与政治文明协调发展。

（二）德育动力机制的基本类型

根据动力机制的结构性特征和构造要素，可以将德育动力机制划分为德育内生动力机制、德育外生动力机制以及德育联动动力机制。

德育内在过程，简言之就是德育主体运用德育理论进行德育实践的过程。德育内生动力机制，是指德育内在过程的动力构成要素之间相互作用的机理与方式。它涉及的是德育的内因，是决定德育能否有实效的关键性要素，主要涉及主体形态及其需要的结构要素。德育内生动力机制是德育形成和发展的内在依据，旨在确保德育的正确方向，增进德育的承继性。

德育外生动力机制是德育的各种外在动力构造要素之间相互作用的机理与方式。它涉及的是德育的外因，是促进理论形态与实践形态双向互动的各种外部要素，包括理论创新机制的动力结构要素和实践创新机制的结构要素。德育外生动力机制是德育形成和发展的外在关系机制，其功能是增添德育改革与创新的活力，促进德育的内化与外化双向互动。

德育联动动力机制是促进德育动力系统实现良性互动的各种整合要素之间相互作用的机理与方式。它涉及的是有效促进德育发展的各种整合要素，包括利益激励机制和适度竞争机制组成的德育动力加速机制，动力协调机制、动力保障机制和政策导向机制组成的德育动力缓冲机制。德育联动动力机制是德育形成和发展的整合要素，实质上是一种整合性、衔接性的动力机制，其功能是实现工具理性与价值理性辩证统一，保证动

力机制为德育提供适度动力。

第三节　高校德育内生动力机制

一、德育内生动力机制的结构要素

（一）教育主体动力结构要素

一般而言，专门从事德育的教育主体包括日常思想教育管理人员（辅导员、班主任、党团组织管理人员等）和思想政治品德课教学人员（理论课教师）等。如果从全员育人的角度，学校里从事教育、管理和服务的所有人员都有德育的功能。教育主体不是道德律令的传声筒，而是具体主体性的教育主体。对教育主体而言，德育不但是一种利益驱动，更为重要的是它内含教育主体的一种发展需要、道德理想和事业追求。

首先，德育是一种利益驱动。这种利益驱动表现在两个方面，一方面，德育是教育主体的职业，做好德育工作，是教育主体的职责。做得好，可以获得职业的发展；做不好，有可能丢饭碗。另一方面，德育工作也是教育主体获得职业尊严的追求。因为社会上很多人对德育教育主体有很多质疑的眼光，既包括对教育主体德性的质疑，也包括对教育主体能力的质疑，更包括对德育本身的质疑。教育主体面对这种质疑时只有在实际工作中来证明自己能行，这就是德育功能属性的发挥，即德育能够以自己的有效活动，使德育对象接受社会对"德"的要求，从而确证德育的价值。

其次，德育是教育主体的一种发展需要。德育不但是为了满足社会需要和受教育主体的需要，还是为了满足教育主体自身的内在需要。教育主体本身也是人，也需要不断地发展。教育的本质是育人先育己。在德育过程中，教育主体不但教育了学生，同时也教育了自己，通过德育弘扬了自己"人类灵魂工程师"的神圣职责、神圣使命以及高尚人格，促进自我生命的"新的精神能量"的生成。

再次，德育还包含教育主体自己的道德理想。教育主体是一个独立的"人"，实际上，整个德育活动过程都是在教育主体的道德理想和追求主导下进行的。可见，教育主体不只是社会或某个政治集团的道德代言人和灌输者，德育还包含教育主体自己的道德理想。从这个意义上，德育主体在整个德育活动中，融入了充分体现自我意志的道德理想和道德信念，从而使学校德育成为道德主体自愿为之，并倾注了满腔热情的教育与自我教育活动。

最后，德育还内含教育主体的一种事业追求。教育除了鲜明的社会性之外，还有

鲜明的生命性。人的生命是教育的基石，生命是教育学思考的原点。在一定意义上，教育是直面人的生命、通过人的生命、为了人的生命质量的提高而进行的社会活动，是以人为本的社会中最体现生命关怀的一种事业。德育尤为如此也本应如此。所以，德育是最具有生命性的教育，也是最体现生命关怀的一种事业，是教育主体对"提升人的生命价值和创造人的精神生命的意义"的一种事业追求。

（二）受教育主体动力结构要素

受教育主体是指接受德育的人。从受教育主体的基本要素构成来看，主要包括受教育主体四个方面的需要，即物质利益、社会化、精神成人和追求高尚。这四项基本要素，既在横向上存在着相互作用、相互促进的张力关系，又在纵向上存在着一条由表及里、层次递进的结构链条。

人作为一个生命体，首先是一个自然存在物，人直接地是自然存在物，而且作为有生命的自然存在物。全部人类历史的第一个前提无疑是有生命的个人存在。因此，第一个需要确认的事实就是这些个人的肉体组织以及由此产生的个人对其他自然的关系。对物质利益的追求，是受教育主体产生德育需要的原动力。物质需要是人的存在的前提和条件。人的需要分为生存需要、享受需要和发展需要三个层次，首先就需要基本的物质需求，这是一切人类生存的第一个前提，也就是一切历史的第一个前提。物质需要是人类为了生存和发展而对客观物质条件的必然要求。满足了"饥有所食，渴有所饮，寒有所衣，病有所治"的生理需要，其他需要才会产生。作为物质需要的主体的具体生存的现实的"人"，生活在某种社会形势中必然有物质需要的诉求。

（三）社会主体动力结构要素

在德育内生性动力机制的主体结构中，社会主体也是一个重要的德育主体。从社会主体的基本动力要素构成来看，主要包括社会主体三个方面的需要，即社会秩序维护、道德传承和实现社会理想。这三项基本动力要素，社会秩序维护是基本要求，道德传承是核心，实现社会理想是目标。

教育产生于社会生活的需要。就社会的实际来看，维系秩序既需要强制，也需要教育。社会主体不能把社会秩序的规范运行完全寄托于个体的自觉性上，因为看不到人有惰性的一面，把事情的成功仅仅诉诸人的自觉性，片面夸大思想教育的作用，可能导致"精神万能"。从功能的角度和满足社会生活需要的角度说，秩序价值，是德育最基本的价值之一。德育产生于社会秩序的需要。换言之，社会秩序的维护需要德育。通过德育，社会主体可以通过行为规范、道德观念和价值判断等有效地支配和约束每一社会

个体的行为，让人们理解遵守秩序的重要意义与违背秩序的严重后果，从而遵守和维护秩序。这也是德育职能的具体体现。可见，德育作为社会规则的传承载体，对"应该如何生活的暗示和潜移默化"确保了社会秩序的维护，为人的生活提供了基本条件。

二、德育内生动力机制的功能分析

德育之所以经久不衰，关键就在于有一整套较为完善的动力机制，而在诸多的动力机制中，居于核心和关键地位的是德育内生动力机制。

（一）德育内生动力机制是德育存在和发展的内在关系机制

事物的发展主要是内因（即事物内部的矛盾性）决定的。德育内生动力机制，从其根本性质上来讲，它指的是在人类现实生活德育需要的动力构成要素中，一切源自德育主体的德性需要基础上的追求德育需要的内在过程的各种内在的动力构成要素所组成的有机体系。这些构造要素决定着德育的内在本质，无疑是德育存在的根本原因，是德育发展变化的内在依据，是德育发展变化的主导因素，即内因。如果说内因是事物发展变化的内在依据和根本原因，体现的是事物的内在矛盾关系，那么，德育内生动力机制实质上就是德育这一事物的内在关系机制。总的说来，这一内部关系机制体现在四个方面：对教育主体而言，德育不但是一种利益驱动，更为重要的它是内含教育主体的一种发展需要、道德理想和事业追求。受教育主体的物质利益、社会化、精神化和追求高尚这四个方面的需要是德育动力结构要素。社会主体三个方面的需要，即社会秩序维护、道德传承和实现社会理想是其德育动力结构要素。政治主体的基本动力要素主要包括维护阶级利益、灌输意识形态、保障政治稳定和实现最高理想等四个方面。

（二）德育内生动力机制确保德育的正确方向

在德育理念上，在不短的时间里没有重视以人为本，而是过分偏重德育的社会价值，只强调德育的社会功能，而忽视德育的个体功能。这种德育价值倾向的片面性，忽视了德育对人的生命价值、成长需要的真正意义，必然歪曲了德育的本质，导致了只见"社会"不见"人"的"无人化"德育现象，造成德育与学生成长和发展的严重疏离，结果是德育效果长期低迷，德育的社会价值也不能得到真正的体现。计算机网络的普及也给传统的德育工作带来了冲击，由于缺少治理网络环境的经验和措施，严重制约了德育工作的影响力，难以形成良好的育人环境。

而德育内生动力机制确保了德育的"人本"价值取向。"人本"就是以人为本，就是把人作为发展的本源、本体和核心，把不断满足人的全面需求、促进人的全面发展作为根本出发点和归宿。

第四节 高校德育动力机制的构建

一、德育动力机制构建的目的

德育动力机制构建的根本目的是实现德育的终极价值——"把人实现为人"。其直接目的就是要把德育动力最大限度地激发出来，并且形成适度的合动力，使之成为推动德育的持续的、稳定的力量。

（一）德育异化与人的异化的双向扬弃

德育异化是德育动力缺失的重要原因。因为异化的德育不再是人们所需要的德育，而变成一种约束人、限制人的异己力量。德育异化主要表现在以下几个方面：

一是当前德育的异化。由于应试教育影响，一切德育活动以高考升学为转移，德育塑造人、完善人的功能被严重弱化，普遍存在重分数轻德育现象，德育畸形发展。二是大学德育的异化。在道德相对主义、欲望主义与工具理性主义的合力作用下背离了大学精神和教化本性，持守价值中立、娱乐化和工具化的立场，导致了自身的异化。其结果是，以促进大学生德性成长为目标的大学德育导致了学生人性的迷失和堕落，这是对大学生的发展不负责，也诱发了大学德育自身的生存危机。

德育异化在本质上就是人的异化。德育异化最根本的体现就是漠视人和生命的存在，对人和生命尊严的深层蔑视。异化的德育培养出来的学生必然是人格有缺陷的，对人和生命本身缺乏同情、怜爱、关怀、呵护与尊敬的，麻木、冷漠、无情的人。这样的人，必定是异化了的人。德育一旦异化，在某种程度上存在着忘却德育的真正对象和真正目的，就会漠视人的尊严、压抑人的自主、忽视生命的体验、曲解生命的意义，收获的是生命贫乏、缺乏活力、遗忘生命意义的学生。这是与德育的本质背道而驰的。

在根本意义上，德育指向的是人的精神世界和意义世界的构建，它的任务是通过人的塑造，提升人、发展人，使人超越现实的物欲满足，超越生命自身的时空限制，获得精神的提升，从而得到人生幸福和存在的意义。因此，构建德育动力机制的首要目的和任务就是要防止、抵制、避免德育与人的双重异化。

（二）人的全面发展与德育文化的双向互促

"人的全面发展"的概念，即人应该不断地追求自身的完善。人不仅是认识主体和实践主体，也是价值主体。德育就必须以这个现实的人为根本的出发点和归宿，而人的根本需要则是解放、自由和全面发展的需要，因此，从德育的终极意义或德育的最终本质来说，它要促进人的自由而全面发展。德育的原点和归宿应该是人的全面而自由发展。这种追求人的自由而全面的价值取向，不仅是由"人之为人"的内在本质决定的，也是"人之存在"要求的应有之义。所以，作为促进德育发展的德育动力机制也要围绕"人的自由而全面发展"这一原点和归宿展开。而且，德育动力机制促进人的自由而全面发展应该是一种对人的整体性发展和每一个人都自由而全面发展的促进，因为全面发展的人，不仅其物质力量要素要有充分的发展，而且其观念意识也应当全面完善。他将是一个能使个人诸种特性全面生成，并不断地改变自身支配客体世界的方式、手段，同时又能内化社会多种理论的整体性发展的人。并且，真正的人的发展不是一部分人发展和另一部分人不发展，而是人人都自由而全面发展，因为"一个人的发展取决于和他直接或间接进行交往的其他一切人的发展"。对人的自由而全面发展的追求，实际上也是德育动力机制构建的一种终极价值取向。德育和德育动力机制的各个构成要素都是围绕着"人的自由而全面发展"这一最高价值追求展开的。因此，德育动力机制构建要实现对人的自由而全面发展的促进，就要坚持以人为本，注重人文关怀。各种机制及其构造要素都要围绕解放和释放人的精神创造力、提升人的主体性和精神境界这一主旨，使人自觉人之责任，使人获得的人生方向奠定在理性文化的信仰基础上，通过文化自觉实现政治上的坚定。

二、德育动力机制构建的基础

德育动力机制构建的基础，是关系到德育动力机制是否稳固、能否真正发挥它应有的功能的重要基石。

（一）尊重人的存在和主体性

真正符合人的本性的哲学和伦理学应该充分尊重个人，尊重个体生命，应该教会每一个人把"人的生命作为价值的标准"，引导每一个个体把"自我的生命当作每个个体的伦理目的"。这里的"标准"和"目的"的区分是这样的，标准是一种抽象的原则，用来衡量或矫正人们的选择，以便达到具体的、特殊的目的。将这一原则运用于具体的、特殊的目的与理性存在相适应的生命目的——属于每个个体的人，他所生活的是他自己的生命。人类必须按照适合于人类自身的标准来选择行为、价值和目标，以此来达到、保持、发现和感受终极的价值，它存在于自身之中，是其自身的生命。德育作为"把人实现为人"的一项育人活动，尊重人、提升人、发展人、丰富人、完善人应当成为德育

的出发点和价值旨归。这种人本价值旨归，应当充满对人自身的尊重、对自由和幸福的追求，蕴含深厚的人文精神和终极关怀。从这个意义上，德育必须与人的幸福联系起来，与人的自由联系起来，与人的尊严联系起来，与人的终极价值联系起来，使教育真正成为人的教育，而不是机器的教育；使教育不只是人获得生存技能的一种手段，而且还能成为提升人的需要层次、丰富人的精神世界的一种途径。

主体性已成为当今我国哲学社会科学领域的一面旗帜、一个纲领和一个口号。主体性，就是道德活动的主体所具有的完善自身、完善他人和完善社会的能动性。德育中的教育者不是传播某种理论或意识形态的"机器"，受教育者也不是一个个需要填满的"容器"。他们本身"占有自己的全面的本质"，有自己作为个体独特的能力、情感、意识、品性和价值取向等。因此，如果人们承认人本的价值旨趣，就不能仅仅把他们都作为某种"物"存在，而应该作为"人"存在。在德育活动过程中，要塑造人、完善人、发展人，但是首先要做的是尊重人，然后实现作为"人"的价值、尊严和意义。从这种意义上，德育动力机制构建的基础首先要尊重人的存在和主体性。也就是说，德育动力机制的设计理念必须以人为本，以促进人的思想解放和精神的自由为宗旨，把人当作价值目的。因此，对德育进行主体性建构，必须按照人的方式，把人实现为人。所谓"人的方式"，就是"人以一种全面的方式，也就是说，作为一个完整的人，占有自己的全面的本质"。具体来说，所谓按照"人的方式"就是按照人之为人、人成为人的经济的、政治的、思想文化的条件和根据，让人之为人的自主本性得以自我创生、自我呈现的过程。所谓"按照人的方式把人实现为人"，就是这个意思，而主体性理论为德育的主体性建构提供了理论指导和可能路径。

（二）导引终极关怀

终极关怀是德育的终极目标和价值。德育的最终目的是表现人的生存与发展内在要求的自由、和谐、全面发展并由此产生幸福感。终极关怀是最根本的关怀。"人本"，就是以人的幸福为本。从这个意义上说，人的终极关怀，就是使人得到幸福。亦即，所有的教育主体，无论是教育者，还是受教育者，都应该通过德育获得幸福的终极关怀。因此，获得个体幸福是德育的应然追求，德育不能背离"幸福"这一价值旨趣。然而，种种德育实践行为所导致的"人"的迷失，往往使德育深陷于有悖个体幸福的重重矛盾之中。事实上，不管德育以何种形式和程度使"人"迷失，最终都应回归幸福的本真，把幸福还给人。

从这个意义上，在德育中，不但要对教育主体施以现实关怀，更要给予终极关怀。现

实关怀是低层次的需求，终极关怀才是价值追求、自我实现、全面发展的高层次精神需求。

三、德育动力机制构建的路径

德育动力机制通过制度化的运作，为德育提供适度的动力，推动德育发展，实现德育价值，满足德育主体利益需要。从德育动力机制运作机理看，其主要包括四个方面的要素：主体、利益、价值和制度。德育动力机制运作的最终指向是德育主体的需要得到满足。因此，主体是德育动力机制的最终目的，也是德育动力机制建构的首要内容。俗话说"无规则不成方圆"，德育动力机制也不是随意而为的，也该有一定的规则，才能更好地规范德育活动。从这种意义上，制度是构建德育动力机制必不可少的内容之一。

（一）主体维度的建构路径

从德育动力机制的性质和实现途径看，全员参与是德育理念的核心价值所在，是德育动力机制的应然取向和现实诉求。

全员参与是整体德育合力育人观，它的核心思想是人人都是德育主体。对于德育动力机制而言，人人都可以是德育动力的主体，也是德育动力机制的主体。这既是教育本身意义的要求，也是当代教育发展的内在需求。德育工作不是德育工作者的专属领域，其他主体，包括专业课教师、学校各职能部门、后勤服务人员、学生组织、政治主体和社会主体都含有丰富的德育动力要素，对德育动力机制的建构和运作都会产生一定的影响。

因为各门课程、各个部门、各种服务载体、各类组织、各类团体里的人都具有德育资源和德育功能，其思想、道德、品质和人格都会给学生以潜移默化的影响。所以，德育动力机制需要全员参与，把德育工作渗透到各个工作环节和各项日常管理中去，构建各部门齐抓共管、各育人环节紧密配合、全员参与的"全员育人、全方位育人、全过程育人"的德育工作格局，形成全校上下共同推进的强大合力。从这个意义上，全员参与是德育动力机制的应然取向和现实诉求。德育动力机制的主体应该是一种由教育主体、受教育主体、社会主体和政治主体组成的多层次的、全员参与式的德育动力主体。

基于目前教育者和受教育者的主体性地位不够凸显的现状，德育动力机制的主体建构重点应放在教育主体和受教育主体的主体性建构上。

（二）利益维度的建构路径

利益是德育动力产生的原动力。因此，构建德育动力机制，首先要考虑利益驱动。利益驱动是德育动力机制实现张力作用的手段之一。对于德育内生动力机制而言，一切主体的利益追求都可以是德育内生动力机制的内在动力构造的源泉。

对教育主体而言，德育的利益驱动表现在两个方面：一方面，德育是教育主体的职业，为了不丢饭碗，要做好德育工作；另一方面，德育也是教育主体，只有在实际工作中证明自己的价值才能获得职业尊严。

对受教育主体而言，物质利益，是受教育主体德育动力产生的物质基础，而对物质利益的追求、享受精神愉悦、实现完美自我是受教育主体产生德育需要的内在动因。在德育过程中如果能够充分肯定和彰显个体利益和个体发展，必然会提高个体内化德育内容、养成道德行为的热情，提升道德成长的动力，最终提高德育的实效性。

对社会主体而言，其利益就是维护社会秩序和实现集体最大利益。道德作为一种调节社会关系的规范，是一种维护社会稳定的手段。社会主体通过德育引导学生在追求自身利益满足与个性发展的同时，也应当遵循相应的道德原则和社会规范。

（三）制度维度的建构路径

德育动力机制除了有主体参与、利益驱动和价值引领外，还必须有制度予以保障。因为"制度文化是精神文化的载体，制度文化赋予物质文化以生命和活力"。当前的德育正处于实效性低下的困境当中，而导致这一困境很大程度上有制度方面的原因。因为我们的学校德育在制度方面有欠缺，存在德育建设制度不完善、不合理，缺乏人道精神等问题。要改变这种现状以提高学校德育的实效性，加强学校德育制度建设是一项有力的举措。

加强德育制度的有效性和德性，有两点是必须做好的，一是社会制度本身要体现公平和正义，从而形成良好的社会道德风气；二是学校德育不能回避对道德制度本身的德性考察，应该正视并弥补制度缺陷，不断去完善自身的道德规范和制度体系，通过道德的制度来教育人、鼓舞人。所以，德育动力机制的制度建设是非常重要的一环。因为各主体在利益驱动和价值引领的前提下参与德育活动，利益诉求各异，价值观念也各不相同，单靠自觉自律是不行的，还要对德育主体之间的关系及其调整规则进行合理确定。这不仅有利于更好地规范个人行为、管理行为和政治行为，提高德育的质量和调整力度，而且有利于贯彻以人为主体、理解与尊重主体的合法权益与合理要求的德育理念，也是完善德育动力机制，促进德育动力机制的科学化、法治化的重要环节。德育制度是一个非常复杂的体系，制度体系的建构也是一项系统工程，而就德育动力机制的制度机制构建而言，主要可以从政府与学校的关系、教师与学生的关系构建两个维度对德育制度予以完善。

第四章 新时期高校德育教育方法的创新

第一节 高校德育工作方法的创新

随着新时代的到来，我国各项事业发生了很大变化，政治、经济、文化、教育等方面取得了举世瞩目的成就。但是同时也要看到，我国高校德育也在发生变化，原有的方法已经无法满足社会发展的需要。因此可以说，改变传统德育方法已经成为高校德育发展中刻不容缓的紧迫任务。通过论述高校德育方法的基本理论及创新价值，以及分析高校德育方法的现状及存在问题的成因，学习并且借鉴国外高校德育方法，从而探索高校德育方法创新的基本路径。这对于推动高校德育的整体发展，落实高校培养大学生全面发展的目标具有重要的实践意义。高校德育方法创新已经成为专家和学者普遍研究和关注的重要课题。经济全球化、信息网络化等因素的影响使高校德育工作面临着新的挑战，高校德育工作在很多方面尤其是工作方法上长期处于一种陈旧单一且亟待解决却又无定论的尴尬境地，很多学者也都以此为题阐述意见。众所周知，大学生是即将踏入社会并建设社会的一个群体，他们的成长不仅关系到将来大学生个人事业、生活的成败，更重要的是它还涉及社会的各个方面，因此大学生的道德素质问题就显得非常重要。

一、高校德育内容与方法面临的挑战

（一）新形势下高校德育工作环境的变化

二十一世纪来临后，世界进入知识经济时代，社会的生产方式、生活方式、管理方式、思维方式等都已发生巨大的变化。人类历史的经验证明，尽管人的道德水准和文明程度可以获得提升，但人性的基本面是不可改造的。伴随由计划经济向社会主义市场经济体制的转轨带来经济的持续高速发展以及由全面改革开放带来的西方的科学技术、价值观念，社会发生了深刻的变化。一方面，人们领略到了这场伟大变革所带来的社会生产力的彻底解放和物质财富的迅速增长；另一方面，人们也为社会生活尤其是道德生活中出现的一些"反常"现象所困惑，是偶然还是必然？是发展市场经济所必需的"代价"，还是社会机制运行本身所固有，抑或两者兼而有之？几十年的渐进性改革开放得益于一

个"放"字。人们把容易做的事情做了，却把难做的事情留到了现在。所有这些，就学校德育而言，都意味着德育环境的变迁。作为社会的一个子系统，学校德育一方面必须完成社会所交付的道德教化的任务，并在此过程中获得自身发展的基础和条件；另一方面，学校德育也不可能摆脱社会对其自身的制约。

1. 社会形势转型的三种特点

一是世纪转换。在新的世纪里，我国要实现中华民族的伟大复兴，要全面建成小康社会，加快推进现代化，成为富强、民主、文明的社会主义国家。当代大学生是完成这一历史任务的主力军，高校的德育工作就要培养德、智、体等全面发展的社会主义建设者和接班人，为经济发展和社会进步提供精神动力和智力支持。

二是社会转型。我国正处在从发展中国家向现代化国家的转型，从农业国向工业国的转型，从粗放型经济向集约型经济转型的转折期。要实现社会转型和经济发展的宏伟目标，最重要的是培养人才，培养掌握现代高技术的人才。高校德育工作的任务之一就是让学生了解和认识我国二十一世纪发展的宏伟蓝图，鼓励他们奋发向上、努力成才。

三是体制转型。我国正处在从计划经济向社会主义市场经济转轨的历史阶段，这对社会的经济结构、文化结构、教育结构以及人们的思维方式、生活方式等都将产生巨大的冲击。高校的德育工作要帮助学生树立与市场经济相适应的现代观念和意识，改变学生中存在的各种非理性观念，正确认识市场经济带来的消极因素和负面影响，使大学生成为改造社会、促进社会发展的主人和动力。

2. 德育环境变化的两个方面

一是社会环境发生变化。世界多极化和经济全球化的趋势继续在曲折中发展，科技进步日新月异，综合国力竞争日趋激烈。随着社会经济成分、组织形式、就业方式、利益关系和分配方式日益多样化，人们思想活动的独立性、选择性、多变性和差异性也日益增强，社会思想空前活跃，各种思想观念相互交织，各种文化相互激荡，各种思潮不断涌现，各种矛盾错综复杂，社会意识出现多样化的趋势。这种变化趋势从总体上讲是积极的，为青年学生的全面发展创造了更加广阔的空间，与社会进步相适应的新思想、新观念正在丰富着青年学生的精神世界。但在这个过程中，面对国际背景、经济基础、体制环境、社会条件、传播手段的深刻变化，面对青年学生求新、求乐、求知、求助的各种需要，高校德育在思想观念、内容方法、管理运行诸多方面还不适应。高校德育要直接面对社会开放和价值多元的现实，认真研究新情况、新问题，正视道德冲突，解决道德困惑，帮助学生分辨是非，学会判断和选择。

二是德育对象发生变化。当代青年学生出生在改革开放年代，成长于社会转型时期，他们的心理状况、接受能力、欣赏水平发生了很大变化，接受信息、学习知识、休闲娱乐的方式、方法、手段发生了很大变化，四项活动的独立性、选择性、多变性和差异性明显增强。青年学生思想、价值、观念、行为呈现许多新特点。

思想上，学生关心热点在减少，政治意识、理想激情逐渐被追求现实利益所取代。观察问题、处理问题上往往表现出五个"更多"，即更多地采用生产力的标准，而不是意识形态的标准；更多地采用具体利益的标准，而不是抽象的政治标准；更多地采用市场经济的标准，而不是传统的道德标准；更多地采用批判的标准，而不是建设的标准；更多地采用"与国际接轨"的标准，而不是"中国特色"的标准。

（二）新形势下高校德育工作内容与方法面临的挑战

新时期国际、国内形势的新发展给在校大学生带来了思想观念、价值取向、文化生活的多样性，经济全球化、网络文化以及我国高等教育大众化的趋势等都对高校德育工作提出了新的挑战。

市场经济中人的自我和人的物化倾向加剧，使社会生活在一定程度上呈现出片面追求个人物质利益的倾向；人的物欲膨胀，使德育工作所宣传的理论和观念不容易被教育对象所接受。

1. 高校德育工作面临着社会多元化带来的挑战

随着经济体制和政治体制改革的不断深入和发展，我国社会正面临着重大变革，社会呈现多样化的趋势，社会环境的复杂性和多样性大大增加。经济体制和社会结构的变革，多元化利益格局的产生和变化，导致学生道德观和价值取向的多元化。高校德育的对象呈现出新的特点：独立意识、自我意识强；思想行为趋于个性化；学习动机多样化；价值取向务实化；活动、行为习惯具有明显的个性特征和复杂的层次性。

当代大学生思想发展的特点和阶段性，决定了高校德育必须具有时代性和针对性。要根据时代发展需要和学生的思想实际，精心设置德育的内容体系。人道主义、科学精神、环境意识、全球意识、和平与发展意识、合作意识等全社会全人类共同的一般行为规范教育，应成为德育的主要内容。要用市场经济强化现代观念，培养学生开拓、独立自主、冒险进取、爱岗敬业的精神，培养学生关心、同情、友善、宽容等美德。要结合当代大学生多层次、多样性的特征，加强大学生的心理咨询和心理承受能力的培养。要坚持中华民族优秀文化和优秀传统的教育，注意道德教育与人文精神交融。

2. 高校德育工作面临国民经济快速发展的挑战

国民经济的快速发展加大了大学生生活方式的复杂程度，对学生思想教育工作提出了严峻的挑战。大学生的生活方式与其他职业群体以及同龄青年的生活方式最明显的差异，就在于大学生的生活方式具有独特的"校园"特征。

首先，大学生是个相对独立的群体。他们长期学习、生活在校园里，接触的伙伴多是同龄人。无论是外地学生还是本地学生，家庭观念普遍淡化，在观念和习惯上都保持着一定的独立性，并形成带有校园特色的群体生活方式。

其次，大学生是社会中文化层次较高的群体。一方面，他们每天接触中外书籍，生活在各种文化信息最丰富的环境里，因此他们更多地受到各种文化思潮的冲击。另一方面，大学生又极其重视精神生活，喜欢探索社会、思索人生，好对各种事件评头论足，作出新的价值判断。在市场经济发展的过程中，求美、求乐成为年轻人的追求，一些人不仅注重物质享受，而且也非常讲究精神生活，文化消费于是产生。

二、高校德育工作方法的创新

对高校德育工作进行梳理和反思，就会发现高校德育工作面临着很多问题，其集中反映出来的问题要求必须进行德育工作方法的创新；新的形势也需要高校德育工作从新的思维和新的视角，站在"人的全面发展"和"传承传统文化"的理论之上进行创新。面对未来的种种挑战，高校德育工作的个性化、社会化、终身性等一系列实践创新活动仍需在正确的理念指导下不断探索。高校德育工作应当根据社会与经济发展的需要，借鉴和吸收现代文化和信息技术的积极要素，从计划经济时代传统的灌输型德育模式转向辨析型、引导型的德育模式，构筑起一种新型的互动关系，将树立正确的世界观、人生观、价值观教育，弘扬培育民族精神教育、公民道德教育和素质教育作为加强和改进大学生思想教育的主要任务。

（一）新形势下高校德育工作方法的创新

面对目前高校德育存在的问题，面对新形势下的挑战，面对我国知识经济发展对思想教育的迫切需要，面对高校教育中德育工作的生命线地位，德育必须实现理论上的突破和实践上的创新。

1. 德育意识的全员化和德育格局的全方位

全体教职工都负有德育工作的责任，要做到"三育人"即教书育人、管理育人和服务育人。全体教师应该更新教育理念，彻底改变只有德育教师才负有学生道德教育的

责任这种错误思想，要高度重视和充分发挥每一位教师的育人作用。教师要树立正确的教育思想，做到言传身教、为人师表，以自己的行动感染学生，使他们受到道德的熏陶。要发挥各科教学的德育功能，结合教学相关内容和各个环节，在适当的时机对学生实施道德教育。例如在物理教学中，可以通过介绍我国古代的科学技术成就，让学生充分认识到中华民族的灿烂文化，树立民族自豪感；介绍我国现代科学技术新成就，弘扬中华民族的创造精神；结合物理知识的教学对学生进行辩证唯物主义教育，使学生认识到世界的物质性、运动性等。不仅在物理教学中，每一学科的教学中都蕴藏着丰富的道德教育资源，这就需要教师充分挖掘，将道德教育融于学科教学中，以期达到对学生道德教育的潜移默化地影响。

学校各项服务工作都应有德育功能，只是有的德育因素比较明显，而有的则比较隐蔽。学校各项管理工作都应尽力与德育工作相互配合，注意道德教育因素紧密结合，着眼于对学生的教育从严要求，注意方法的使用，使之成为学校德育的重要补充途径，使学生从中受到感染、激励和教育。

2. 德育目标的层次化

德育目标是通过德育活动所要达到的目的要求。我国还处在社会主义初级阶段，多种所有制形式、经营形式、分配形式并存，呈现出以社会主义道德为主体的多种道德并存的情况。与之相适应，高校德育应呈现多层次、多规格的特点。根据大学生不同年级身心发展水平，针对学生人生观、价值观、道德观及思维方式上出现的新特点，根据社会发展阶段的要求来看，从培养时代新人着眼，从抓基础项目入手，分阶段分层次制定德育目标，形成目标系列。

3. 利用网络把德育透明化

国家教育部门可以考虑借助网络的方便快捷的优势，为每个学生建立道德档案，即每个年满十六岁的公民都在网络中建立档案记录。此记录主要包括以下内容：姓名、年龄、所受教育情况，以及最重要的一面——道德行为、道德素质记录。人的道德素质记录，也就是做人记录。在我国确实有必要建立这种负责机构，在核实事件真伪的基础上，将公民的道德行为记录在案。这种方式便于用人单位和相关人士进行查证，在用人选人时作为一个很重要的参考。当然，这只是一种参考作用，这也是针对现在网络诈骗的一个有效的应对措施。最重要的是，这种档案记录要起到一种激励作用，促进个人提高自己的道德素质，改变不当的行为习惯，按照社会的道德规则约束自己的行为，逐渐从他律走向自律，这才是建立道德档案记录的目的所在。

4.德育方法多样化、层次性

德育方法是为完成德育任务所采取的手段。由于德育过程是一个多因素相互影响、多层次发展的过程，大学生思想品德的形成受到社会、家庭、学校以及个人身心发展状况诸方面的影响，因此德育必须通过影响思想品德形成的各种条件的综合作用才能奏效，这就决定了德育方法的多样性和层次性。德育方法从不同的视角可以分为不同的层次。例如，从德育主体和客体的角度看，可以分为主体外部灌输和客体自我修养两个层次；从德育内容权重的角度看，可以分为理论教育、实践教育；从德育的类型看，可以分为氛围型、渗透型、情感型、审美型；从德育方法的特点和作用看，可以分为说服教育法、情感陶冶法、实际锻炼法、榜样示范法、修养指导法等。

（二）高校德育工作方法创新的尝试性策略

创新是主体通过探索去解释和把握世界的规律，并遵循和运用事物的规律催生富有全新价值的新事物的过程和结果。创新是一个艰苦的过程，在这个过程中必须充分发挥主体的能动性，而这种能动性的发挥必须符合事物的发展规律，同时又受到客观条件的制约。因此，高校德育方法的创新不仅在过程中面临着挑战，更重要的是必须要正确地应用于教育实践，并对实践产生预期的影响和效益。高校德育是一门科学，其知识体系要经得起现实生活的检验和历史的验证。一般来说，德育的有效性，主要表现为德育活动对其预设目标的实现程度。这是一个尝试性的过程，同时也是检验创新方法的科学性的过程。任何教育理论都不可能放之四海而皆准。因此，任何新的教育理论的实践都必须是谨慎的、尝试性的。

基于对现代道德教育的现状的分析，在今后的道德教育中，从指导思想和实际内容上都要有所改观。从大的方向上来讲，道德教育首先要做到以下几点：

首先，在高校高度重视道德教育。这显然不是一个创新，因为在我国各级教育目标中都明确地把道德教育作为教育的首要任务和内容。但实际上在我国的高等教育阶段，道德教育并没有真正被放在最重要的位置上，高校的道德教育实际上主要是政治教育和大学生日常规范教育。因此，反思现阶段社会道德水平下降、道德信仰无所坚持的状况，高校德育必须反思自身，肩负起大学的责任，把大学精神真正落到实处。大学的责任不是仅仅授予学生一个谋生的证书和学历，更重要的是授予学生中华民族的优秀道德文化传统。

其次，德育内容的选择和安排必须以德育目标为依据，是根据社会主义教育目的、德育任务、当前的形势及青年学生的品德水平确定的。当代大学生思想发展的特点和阶

段性，决定了高校德育工作必须有针对性、科学系统地安排内容，不同的阶段有不同的侧重点。

第二节　高校德育方法基本理论及创新价值

高校德育方法创新是研究高校德育方法的系统体系，是研究高校德育方法如何创新的理论体系。新时期我国的高校德育取得了显著的成就，一定程度上促进了高校德育方法的发展。但是，从总体上来看，高校德育方法在发展过程中仍存在一些问题与弊端，例如，德育教育的过程中，德育方法滞后于教育对象，方法陈旧，方式落后，致使高校德育方法滞后于时代的发展，在很大程度上影响着德育目标和德育任务的完成，阻碍了高校德育方法的创新，从而影响到高校德育的整体发展。随着国家各项事业的快速发展，特别是网络技术的普遍应用，传统的德育方法已经无法满足新时期的需要。

一、高校德育方法的基本理论概述

（一）高校德育方法创新的必要性

随着时代的发展，大学生的思想观念和思想动态发生了明显的变化。教育工作者要认真分析大学生出现的新问题，对于出现的新问题进行有针对性的处理，要认真总结出现问题的原因，并且解决大学生实际生活和学习中遇到的问题。以下从"方法与德育方法的内涵"以及"高校德育方法的内涵与特征"中深入探讨高校德育方法创新的必要性。

1. 方法与德育方法的内涵

在我国，关于德育方法内涵的界定有许多种。而"方法"一词，来源于希腊文，原义为沿着一定的路径，以一定方式或程序开展活动，从而达到目的。德育方法因此可以定义为教师和学生在德育过程中为达成一定的德育目标而采取的有一定内在联系的活动方式与手段的组合。在这一内涵的阐述中，德育方法与一定的方式与手段是紧密相连的，同一种德育教育活动方式与手段可以有不同或是多种的教育方法，但都是为一定的德育目标而服务的，是德育目标顺利达成的中介，起到"桥梁"的作用。

2. 高校德育方法的内涵

高校德育方法是为促进高校德育发展，为实现德育目标而运用于教育者与受教育者之间的各种德育手段、方式的总称。从高校德育方法的内涵中可以看出，高校德育目标是更好地对受教育者进行道德教育，从而促进高校德育的发展。高校德育方法是教育

者与受教育者共同参与的德育过程所运用的手段与方式，起到衔接和"纽带"的作用。

3. 高校德育方法的特征

高校德育方法的恰当运用，直接决定着高校德育的整体发展，决定着高校德育能否取得预期的效果。以下几个方面可说明高校德育方法的特征：

首先，高校德育方法的科学性。高校是对大学生进行道德教育的主要的思想阵地，以马克思主义的科学理论为指导思想，对不断变化的和发展的新情况、新问题进行研究和总结，其在一定程度上反映了高校德育方法的科学性，为高校德育沿着正确方向发展提供了有力保证。

其次，高校德育方法的应用性。高校德育方法在高校德育过程中有很强的应用性。任何问题的解决都需要有正确的方法，方法的正确选择，在于它可以帮助德育工作者正确认识出现的问题和有针对性地去解决问题。在高校德育的实践中应该把理论性和应用性结合起来，更好地为大学生服务。

再次，高校德育方法的针对性。德育工作者在德育实践的过程中改变传统教育中以批评教育为主的教育方法，针对不同个体的兴趣、爱好、心理状况的差异，对于出现的各种问题，运用恰当的方法有针对性地解决，认真做好并且解决与大学生相关的德育问题。

最后，高校德育方法的系统性。高校德育是一个完整的教育系统，它包括诸多方面，高校德育的主体、客体、方法、手段、模式等都是高校德育内容，而高校德育方法的系统性体现在整体性和动态性。整体性，即高校德育方法系统依据一定的方式组成有机整体；动态性，由于高校德育方法面临的时代条件、形势、任务、对象和环境经常处在变化之中，这就决定了高校德育方法内部各要素之间存在着密切的相关性。

因此，在社会主义各项事业高速发展的新时期，促进高校德育发展的任务紧迫，而作为"中介"和"桥梁"的高校德育方法的创新就显得尤为重要。

（二）高校德育方法创新的紧迫性

1. 由新时期的社会背景决定

随着我国综合实力的不断增强，各国之间经济贸易往来、合作的联系日趋紧密，面对这种严峻并且复杂的国际环境，作为高校德育工作者应该做好德育工作，在实践过程中运用恰当的、可行的德育方法，全面加强高校德育，提高抵御腐朽思想的能力。

新时期我国的经济、政治、文化、科技和军事等各项事业欣欣向荣、快速发展。广大人民的生活方式发生了新变化，呈现多样化特点，大众的生活观念和生活态度变得

多样化，生活观念趋向更加务实开放，生活兴趣和爱好更加广泛多样。通过大众传媒和人际交往，人们生活态度的相互影响程度在不断加深，同时也更加凸显自己的个性。在多样化的同时，一些错误的或者是不文明、不健康的生活观念和生活态度相继出现，拜金主义、享乐主义、极端个人主义等腐朽思想开始滋长蔓延；有的人生活态度消极平庸，缺乏精神追求。时代与社会的变迁与发展必然会反映到思想意识领域，高校德育作为意识形态的一部分，也必然打上时代的烙印，这些不良现象在社会上的盛行必然会波及世界观、人生观和价值观正在成长中的当代大学生。在国内环境的影响下，高校德育中传统德育方法的弊端暴露得愈加明显，它的传统性和滞后性已经越来越不适应时代的发展需要，要求高校积极地改变传统的德育方法。在德育过程中，应适应我国的发展变化，积极促进德育方法的创新，从而保证大学生在复杂的国际和国内形势下保持清醒的头脑。

2. 由高校德育工作者的职业素质决定

高校德育工作者在德育工作中能否做到从实际出发、突出重点，直接决定着德育工作的成败。遗憾的是，实践中部分德育工作者往往面面俱到，过于理想化，不能客观地把德育的核心目标层次化并与实际要求有机结合起来，从而主次分明、有的放矢和卓有成效地展开工作。高校德育过程中，往往存在着一些德育工作者自身的思想素质不高、专业知识不过硬，重理论灌输、轻社会实践，忽视大学生出现思想问题的根本原因等情况，对于出现的问题只是理论教育和批评教育，忽视了大学生的主体性，使其被动地接受教师的教育，长期下去，造成的后果是大学生学习的主动性与积极性无法得到发挥，影响大学生的主体地位，使大学生产生逆反心理，达不到德育预期的效果。

因此，作为高校德育工作的主要力量的德育工作者，其职业素质直接影响着德育的实效性，直接决定着德育方法在实践过程中能否有效实施。在激烈的竞争中，素质高、专业化和专家化强的德育工作者开展德育工作可以运用恰当有效的德育方法，针对出现问题的不同，采取不同的方法进行教育，这样既能充分调动大学生的主动性和积极性，又增强了德育工作者对待德育工作的主动性与热情，从根本上对于促进德育方法的创新发挥了积极作用。

二、高校德育方法的创新价值

第一，高校德育方法的创新，是提高高校德育实效的需要。高校德育实践的过程中，方法的正确与否直接关系到高校德育的成功与否。德育方法的正确选择可以对大学生产生积极的教育影响；相反，德育方法的不恰当运用就会使大学生产生厌恶的心理，容易造成严重后果。只有做到德育方法的有效运用，才能达到德育目的。

　　长期以来，高校在德育的过程中积累了丰富的理论经验与实践经验，这些经验在一定程度上对高校德育的发展具有一定的积极作用。但是随着新时期的到来、新形势的发展变化，传统的德育方法已经不适用于高校德育的发展。要改变这种不利的情况，高校必须做到与时俱进，促进德育方法的创新。主要是因为，一方面，由于当前国际环境和国内情况的复杂多变，高科技的普及，拓宽了大学生获得信息的视野，从接受教师的理论灌输开始转向网络进行学习，一些西方国家的非社会主义的思想、价值观念和生活方式通过互联网的传播途径开始流入大学校园，冲击着传统教育，在大学生群体间产生了一定的影响；另一方面，随着新时期我国各项社会主义事业的不断发展，呈现出了以前没有的特点，如经济成分和经济利益多元化、社会生活方式多样化、社会组织形式多样化、就业岗位和就业形式多样化，在这种严峻形势下，高校德育面临着挑战。这就需要高校德育工作者站在时代发展的高度，重新审视高校德育。当前阻碍高校德育发展的首要问题就是高校现行的德育方法，已经成为影响和制约高校德育发展的主要因素之一。

　　对于高校德育工作者来说，当前最主要和最首要的任务就是加快德育方法创新的步伐，改变传统单一的教育方法，做到理论教育与实践教育相结合、课堂教育与榜样教育相结合、批评教育与表扬教育相结合，因人而异，采取不同的德育方法，从根本上提高高校德育的实效性。

　　第二，高校德育方法创新，是新形势发展的客观需要。当今世界全球化趋势增强，和平与发展仍然是时代的主题，政治、经济、文化的多极化发展，科学技术的广泛应用，要求必须认清这一时代发展的主要特点，发展中国特色的社会主义事业。这就要求高校应该始终保持清醒的头脑，在借鉴国外先进的管理技术与管理经验的同时，要时刻警惕反动思想的传播，掌握高校德育的主流思想阵地，全方位、多方面地对大学生进行意识形态教育，抵制西方少数国家的"分化"思想。因此，高校德育工作的重要性决定了高校德育方法必须创新，这是新形势下高校德育发展的客观需要。

　　第三，高校德育方法创新，是保证大学生健康成长的需要。高校德育是为了培养德、智、体、美各方面全面发展的高素质人才，学生是高校德育主要的受教育者。但是一直以来，我国的高校德育把学生看作是接受知识的"工具"，忽视了大学生的主体地位，在德育课堂上仍然沿用传统的教育方法，如单一灌输的教育方法、以"批评"为主的教育方法、"满堂灌"的教育方法。这些教育方法忽视了学生的主导作用，忽视了学生的内心需要，是一种外在的强制性教育，其结果是在一定程度上束缚了高校德育与高校德育方法的发展。因此，只有选择正确的德育方法才能增强德育方法的实效性，取得良好的德育效果，圆满完成德育任务。

综上，高校德育工作一定要坚持教书与育人相结合，坚持教育与自我教育相结合，坚持政治理论教育与社会实践相结合，坚持解决思想问题与解决实际问题相结合，坚持教育与管理相结合。只有有效地开展德育工作，才能更好地在德育实践的过程中尊重大学生的主体地位，彻底激发学生学习的兴趣，促进学生德、智、体、美全面发展，保证大学生积极、健康地成长，实现德育目标。

第三节　高校德育方法创新的基本路径

高校不仅肩负着为中华民族的伟大复兴和为社会主义建设培养素质高、专业性强的有用人才的主要任务，而且还肩负着传授知识，培养大学生各方面能力，使大学生自觉遵守法律法规，保证大学生服务于社会主义建设的重任。因此，我国高校的发展影响着整个高校德育的发展，乃至成为整个社会普遍关注的重要的课题。高校应制定出德育方法的创新路线，提高德育教育质量。

一、高校德育方法创新的原则

高校德育方法的原则是指在进行德育的过程中必须坚持的原则。因此，研究高校德育方法在创新的过程中坚持的原则是一项比较重要的课题。高校德育方法的创新必须以正确的原则作为指导。结合高校德育发展的实际情况，专家学者提出了很多关于德育方法创新坚持的原则。从社会的发展情况看，根据所掌握的资料，有以下几个必须坚持的原则：科学性原则、主体性原则、层次性原则和有效性原则。

（一）科学性原则

高校德育方法的科学性原则，要求德育遵循大学生思想活动的规律，遵循德育的客观规律性，遵循高校历史发展的科学规律性，克服盲目性与随意性。随着现代科学技术的发展，特别是互联网技术的发展，我国的政治、经济、文化、军事等社会各个方面都产生了变化。互联网进入高校以后，对学生的思想观念、生活方式和身心健康等带来了潜在的、深远的影响。原有的德育方法在互联网上完全不适用了，只有及时把握现代科学技术发展的脉络，尽可能地把先进的技术运用到对学生的教育之中，才能跟上科技发展的步伐，也才能增强德育的效果。高校德育工作是对大学生进行教育的工作，因而高校德育工作者应把正确的政治观点、政治立场和政治方法放在首位，在实践中接受互联网对高校德育工作的影响，改变传统的德育方法。为此，德育工作者要用科学的世界观、方法论武装自己，使自己具有正确的思想观点、政治立场、思维方法和教育艺术。

只有这样才能使德育具有强大的感染力、吸引力、说服力和战斗力，提高大学生的德育水平。因此，高校德育方法一定要坚持科学性的原则，只有这样，高校德育才能沿着正确的路线不断向前发展。

（二）主体性原则

人的全面发展，以一种全面的方式，就是说，作为一个总体的人，占有自己的全面本质。坚持以人为本，贴近实际、贴近生活、贴近学生，努力提高思想教育的针对性、实效性和吸引力、感染力。高校中的以人为本就是以学生为根本，尊重学生的主体地位，以此来满足学生的自主性和独立性的教育目的，主体性德育是对传统德育方法的一种超越。

然而，当前高校德育与大学生的现实生活脱节，没有贴近大学生思想实际、贴近大学生的实际生活，这样就不能开展有针对性的德育工作，德育工作无法取得良好的效果。

因此，高校德育方法应坚持的主体性原则，把着眼点放到教育对象主体性培育上，培养大学生的积极性与主动性，知与行不能脱节，不能把德育看成是一种强制教育，应该把德育内化为大学生的品质，使其走出对德育教育者的依赖，从根本上增强德育效果。

（三）层次性原则

人的发展是有层次的。由于当前国家的快速发展、改革开放的深入人心和高等教育的全面普及，我国高校也发生了很大变化，由"精英教育"发展为"大众教育"。在德育的过程中，德育工作者要注重平时的积累，把握不同的教育对象所具有的不同的特点，有的放矢，因材施教，坚持普遍性和特殊性相结合的工作方针，这对于高校德育工作者来说有着至关重要的作用。

首先，根据受教育者各项综合素质的不同特点，找到适合学生的德育工作方法。大学生由于生活学习以及社会、学校和家庭等各方面的差异，表现出各种不同的特点。从德育水平来说，大学生整体德育接受度比较高，但是由于受到外界的影响，一些大学生对德育水平评价标准产生怀疑，因此，德育水平评价标准的随意性比较大；从互联网的影响看，由于互联网传播信息的方便与快捷，这种新的教育载体更容易被大学生接受，互联网在带来有益信息的同时，消极信息的纷至沓来冲击着一些思想不坚定的大学生；从身体素质和能力素质以及从社会、家庭和学校等诸多因素考虑，都可以造成学生之间各个方面综合素质的层次性。

其次，增强德育方法的层次性，应该区别教育对象学习目的的多样性。由于教育

对象综合素质的层次性，不同教育对象的学习目的也就不同。在对大学生进行道德教育的同时，要"分层次、有重点、循序渐进，努力贴近社会、贴近生活，充分调动各部分学生的积极性、创造性和主动性"，使各种不同层次的大学生转变学习态度，真正去接受学习，从而向更远大的目标前进。

最后，认识教育对象的心理承受素质的差异性。由于高校学生群体表现出来的特点，大学生的心理承受能力在近几年也引起广泛关注。这就需要高校德育工作者认真地研究教育对象，把握教育对象表现出来的层次性的特点，有针对性地解决问题。

（四）有效性原则

高校德育工作一定要注重有效性原则。在德育工作中，一些德育工作者没有充分重视有效性原则，没有利用有效的德育方法解决大学生的实际问题，其结果就会造成德育目标无法得到实现、德育任务无法完成。作为高校德育工作者，在德育过程中，需要及时发现大学生的问题，运用恰当的教育方法，及时解决问题。对待已经出现问题的大学生，更应该深入调查出现问题的原因，找到切实可行的方法，从根本上发现问题并及时解决问题。

高校德育工作是一项系统而又繁琐的工程，仅仅坚持以上四种原则是不够的。它需要各个方面的原则作为支撑，做到社会教育、学校教育和家庭教育三者的结合，共同促进高校德育工作的发展。

二、高校德育方法创新的具体内容

（一）坚持生活化教育的方法

坚持以人为本，贴近实际、贴近生活、贴近学生，努力提高思想教育的针对性、实效性和吸引力、感染力，培养德、智、体、美全面发展的社会主义合格建设者和可靠接班人。高校德育方法越贴近生活，越能体现教育中的以人为本，越能发挥人的主体性，引发人的内在创造力，使教育者和受教育者体验生活的美、教育的真正内涵，形成文化、社会、个性协调发展的格局。

大学生的成长过程是一个漫长而复杂的过程，在大学生的日常生活中渗透着德育，德育贯穿于整个大学生活。生活化的德育注重生活实践，因此，应从生活中来，到生活中去。当代高校的德育方法需要改变传统的单一灌输和说服教育的方法，善于突出学生的主体性，组织学生自我教育、自我管理，使高校德育工作真正做到贴近学生、贴近生活实际，引导学生正确地认识自己，不断改善自己的道德认识与行为习惯，在活动实施

上突出保护自我心灵，发掘自我经验，关注自我行动，促进自我发展。

高校德育是与时代特点紧密相连的，德育工作者更应从大学生的生活实践中对大学生进行教育，关心大学生的生活；在德育课堂上利用"道德两难问题"去启发学生，让学生思考和检验自己的道德立场，反思自己的行为让广大青年学生真正地从日常生活实践中得到身心的全面教育。

因此，高校德育方法的生活化，是时代的发展，是社会的进步，是促进高校德育发展的条件。高校德育方法只有贴近现实、贴近生活、贴近社会，才能为社会的发展培养更多合格的高素质人才。新时期高校德育方法应该更加注重生活化的教育，在生活实践中潜移默化地教育广大青年学生，为社会培养德才兼备的高素质人才。

（二）坚持隐性教育的方法

我国高校德育一直以显性教育为主。随着社会环境的复杂多变，仅仅依靠书本知识的教育是不够的，还必须注意在显性教育的影响之外运用一些潜移默化的教育，这样才能提高德育的实效性。

隐性教育作为和显性教育相对立的一个概念，是由西方学者首先提出并具体实施的。关于隐性德育课程，学术界还没有统一的定论。隐性德育课程是指广泛地存在于课内外、校内外教育活动中间接的、内隐的，通过社会角色无意识的，非特定心理反应发生作用的德育影响因素。简单地说就是学校通过一定的教育环境，对学生进行一种间接的经验的传递与渗透，使学生在潜移默化中接受教育。隐性教育以间接性与隐蔽性为主要特点，是一种潜移默化的教育。

高校德育工作必须以大学生德育品质的形成和发展为基础。大学生受到外界环境各种因素的影响，同时也受到一些环境因素的隐性影响，如社会政治环境、经济环境、文化环境等。对大学生德育的影响一般是非计划性、无目的的影响，虽然没有立竿见影的效果，但是在无形中受到一种潜移默化的影响。高校环境建设包括物质环境和精神环境。物质环境包括学校的建筑、学校的配套服务设施等，这是保证学生基本的物质需要，是高校必备的物质基础设施。精神环境建设包括教育者传授知识、校园文化建设、校园网络管理等。而且随着网络的普及和发展，传播信息的方便性、灵活性、娱乐性和速度快的特点，更能吸引广大高校学生接受网络这个传播信息的新兴载体，更需要高校运用正确的教育思想占据学校的主流文化阵地，构筑健康的校园文化，使网络德育与网络德育方法紧密结合，更好地教育广大青年学生，提高他们辨别是非的能力。

作为高校德育工作者，在传授理论知识的同时，要根据时代的发展变化，开展有

时代特色、现实感和历史感特点的理论课程，强化历史观念和爱国情感，用事实和网络开展生动、鲜明的社会实践和理论讲座，从不同的学科去理解知识涵盖的不同意义；从不同学科的教育中渗入德育观念，培养大学生用积极、乐观的态度去探索知识，去对待学习、工作和生活。这是高校德育工作者肩负的重要责任。

因此，高校应该开展一些互动性和娱乐性比较强的文化活动，使大学生在耳濡目染中受到德育的熏陶和影响。另外，利用德育中的一些如大众传媒、网络载体，对大学生进行宣传教育，发挥德育的隐性影响，使大学生在德育品质、情感培养和行为方式等各个方面受到潜移默化的教育，从而完成德育任务，实现德育目的。

（三）坚持自我教育的方法

自我教育法是受教育者按照思想教育的目标和要求，主动提高自身思想认识和道德水平以及自觉改正自己错误思想和行为的方法，简单地说就是人们自己教育自己，自己做自己思想政治工作的方法。

大学生健康成长不仅需要外在的教育，还需要大学生自己对自己的约束和管理，不仅要接受课堂教育，还需要进行自我教育，即自我认识、自我监督、自我调适等方面的发展，也就是一个自我教育的过程。自我教育恰恰就是为了提高自我约束、自我控制和自我管理的能力。

高校德育工作者的首要任务就是培养大学生的自我教育能力，为自我发展创造条件，增强德育的实效性，达到德育目的，完成德育任务。德育工作者在大学生的学习和生活中，应该采取自我批评、自我表扬和自我激励相结合的方法，充分发挥学生学习和参与实践活动的积极性与主动性，加强大学生自我管理和自我服务的能力。在实践中，德育工作者还要善于运用榜样的力量和先进事迹的影响作用，使学生既有奋斗目标又有赶超的态度，从而提高学生的自我教育能力。

第四节　高校德育创新对策

人是环境与教育的产物，"环境是由人改变的，而教育者本人一定是受教育的"。同时，"既然人的性格是由环境造成的，那就必须使环境成为合乎人性的环境"。所以，在大众化教育的新时期，在实现中华民族伟大复兴的中国梦的背景下，如何创新高校德育环境，使其充分发挥育人作用，是目前面临的重要课题。从实践来看，需要从高校德育的观念、内容、方法及管理队伍上进行德育创新，需要从高校、家庭、社会环境上进行德育环境创新。

一、大众化背景下高校德育的创新对策研究

（一）创新德育理念，更新德育观念

多年来在德育方面所形成的德育观念和理念是与传统的计划经济体制一脉相承的，在社会各项事业发生重大变革的今天，德育观念和德育理念也必然要求有所创新。

1. 确立构建社会主义核心价值观下的德育新理念

大众化教育背景下由于大学生群体的多样性，以构建社会主义核心价值观下的德育新理念是大众化高等教育的必然要求。这就要求高校德育突出引导、协调和化解的功能，帮助不同群体的大学生正确处理人与社会、自然以及他人的关系，协调大学生自身利益要求，关注大学生中的弱势群体，化解大学生中出现的非对抗性的矛盾与冲突，营造风清气正的德育环境，促使大学生成为构建社会主义现代化的中坚力量。

2. 确立以人为本主体观的德育理念

以人为本的德育理念摒弃了以往将大学生纯粹作为教育客体的理念，它将德育作为一种人本德育，揭示了德育客体与外部世界的同一性，强调了德育主客体的统一，开发了作为受教育者的大学生在与外部世界的改造与被改造的主体意识，肯定了人的价值和尊严，在德育的实践活动中能够做到尊重人、理解人、关心人、激励人。它最大限度地调动了大学生的主观能动性，反映出大学生作为人的自我意识、人的本质属性的丰富性，并对这种自我意识和本质属性赋予了鲜明的个性特征，从而强化了高校德育的针对性和方法的多样性。

3. 确立开放、适度超前"大德育观"的德育新观念

大众化教育时代，多种生活方式、多元价值观念对教育对象的冲击越来越大，多样的大学生群体的教育背景越来越复杂，大学生的思想越来越活跃。它要求高校德育者必须努力更新德育观念，从封闭的德育观转变为开放的大德育观。所谓"大德育观"，即全方位的德育模式，是指把高校德育的内容、原则、方针同各种载体、媒介结合起来，不断开拓德育领域，有效整合德育资源，使德育切实落实到大学教育的每一环节，从而形成一种无形的力量感染、熏陶多样化的大学生群体。

4. 确立当代"终身德育观"的德育新观念

教育终身化、社会化是社会发展的必然趋势。随着大众化教育的来临，高校办学形式多样化和培养目标多样化使现代德育不仅贯穿大学教育阶段，也贯穿于职业教育、

成人教育等各类教育，贯穿于家庭教育和社会教育各个方面，德育将伴随人的终生。实现从传统学校德育观向现代德育终身化、社会化观念的转变，是德育工作者的必要意识。

（二）创新德育内容，提高德育实效

在继承和发扬以养成教育为突破口，高扬爱国主义教育主旋律的德育传统的同时，还须创新服从人类进步和社会发展要求的新时代的德育内容。进行公平竞争观念的教育，让学生了解优胜劣汰并反对不正当手段竞争的德育内容；进行利益观的教育，教育学生关心我国的经济建设但反对"一切向钱看"；进行平等、互助观念的教育，教育学生能正确处理个人、集体、国家利益三者之间的关系；进行良好个性养成的教育，教育学生彼此尊重、互相关心、交流合作和共同提高；进行法治教育，让学生受到规范的法治教育，教育学生守法光荣；进行心理素质教育，让学生知道首先要成为一个身心健康的人，然后才能成为一个全面发展的人等。

（三）创新高校德育管理体制

大众化教育时代，为应对社会环境的变化，就要改革高校内部管理体制，而在高校改革中要加强高校德育体制的创新，还应重点加强服务育人体系，组建包括就业指导、勤工助学、心理咨询、校内外活动等在内的学生服务联合体，建立服务育人新模式，使高校德育与高校管理趋于一体化。高校管理科学化的发展，将日益重视人力资源的开发，实行以育人为中心的人本管理，将充分重视学生思想道德素质的优化、文化素质和科技素质的提高、心理情绪的调节，也将重视提高学生的学习主动性、积极性和创造性。这样，德育应更加有机地融合在教学、科研、行政管理之中。高校德育，也要把科学管理作为自己最基本的载体，注意与行政手段、经济手段、法律手段有机结合，形成管理和教育相统一、制度规范与个性发展相统一、民主性与集权性相统一的运行格局，并建立与之相适应的竞争、评价、激励、约束等机制，进一步强化高校德育与高校管理一体化发展趋势。

（四）进一步加强高校德育工作队伍的建设

为适应高等教育大众化发展的需要，加强高校德育工作队伍建设，关键是建设一支政治强、业务精、纪律严、作风正的德育工作队伍。在新的时代背景下，面对西方各种文化思潮的渗透，德育工作者必须不断提高自身素质，必须具备更高的政治责任感、政治敏锐性和政治鉴别力，必须不断调整、充实和提高自身的知识结构和思维水平。

二、大众化背景下高校德育环境创新对策研究

（一）优化高校德育环境

1. 建立新型的师生关系是优化高校德育环境的前提

在大众化教育时期，教师与学生的关系虽然有所弱化，但仍然是学校生活中最主要、最基本的关系，它直接影响着学生的心理状态。建立新型的师生关系的关键是教师，因为教育教学活动是在一个"环境"的氛围内展开的，教育教学的物质环境、社会环境、心理环境……无时无刻不在影响学生的各个方面。在这些因素中，有相当部分来自教师本身或教师的行为，所以，教师的责任感、能力及对学生的态度，各级领导和政工人员的党性观念、思想作风、工作方法，所有这些因素决定着高校德育环境的基本性质。教师要有目的、有针对性地改善这些因素，重视心理环境的营造与运用，通过引导学生去体验、感知和反思，使德育成为一个双向交流、心理相融的过程，使学生在融洽的氛围中不知不觉地受到启迪与教育。这对于提高学生的思想道德素质、改善学校的德育环境具有重要意义。

2. 德育过程的情境化是优化高校德育环境的基础

在大众化教育的高校里，由于大学生群体的多样化，思想多元化，大学生具有反叛意识强烈的个性特征，而德育情境化却能达到"润物细无声"的德育效果。所谓德育情境化，是要求学校德育的信息输出应融于学校的一切活动中，尽可能以自然的方式，从学习、社会实践甚至娱乐，对物质环境、精神生活以至人文氛围，以自然的形式孕育德育的内涵，减少刻意的人为痕迹，注重创设情境和氛围，以促使学生个体产生内在的需要和情感上的共鸣，从而主动地去实现自我教育的目的。

3. 校园环境的美化是优化学校德育环境的保障

环境育人是学校全面推进素质教育的重要部分。学生在校时间均生活在校园环境之中，学生的精神面貌、文明行为、思想道德无不受环境的影响。创造一个良好的育人环境，能让师生在工作、学习中耳濡目染，接受良性熏陶，能使教师对学生文明行为、良好品德的形成教育起到一种潜移默化的作用。通过将校园打造为和谐、优美、洁净、绿色的富有教育意义的环境空间，在培养学生环境意识、环境伦理、环境价值观的同时，使学生在潜移默化中净化心灵空间。心理学认为，自然环境对人的影响主要是通过客观现实对人的心理产生影响，如诗如画的校园风光、布局合理的校园建筑、整齐光洁的校园雨道、美观合理的教室装饰、完好实用的文化教育设施，无不给师生以巨大的精神鼓舞。

（二）发挥家庭教育的优势

相对精英教育而言，大众化教育时期的高校对学生的"管制"相对放松，而建立家庭和学校共同参与的学生心理健康教育沟通的渠道，优化家庭教育环境，是提高学生心理健康水平、增加高校大学生德育和心理健康教育效果的重要方式和途径。学生心理问题的产生和发展，家庭环境、家庭教育是不可忽视的因素，所以学校教育与家庭教育的积极相互配合，将会使大学德育工作事半功倍。因此，学校要引导和帮助家长树立正确的教育观，改善家庭环境，以良好的行为、正确的方式、和谐的气氛去影响和教育子女，这样才有利于大学生良好道德素质的养成和心理素质的提高。

（三）构建以高校为主力的德育环境

面对大众化教育的时代特点，全社会都应充分认识到大学生思想道德建设这一战略任务的重要性和紧迫性；要以高校为龙头，以家庭为基础，以社会为平台，切实构建高校、家庭和社会"三位一体"的德育环境；整合各种德育资源，凝成德育合力，共同营造有利于大学生健康成长的良好环境。

高校德育环境建设不是一个独立的过程，随着经济全球化、信息网络化的发展，它与社会、家庭的关系更为密切。高校应积极发挥主体意识加以调控优化。通过高校有目的地吸收、筛选、调节和整合，实现德育过程的互动，从而构建一个优化的高校德育环境。高校对社会、家庭环境的调控主要有三种方式：

一是吸收。吸收社会和家庭当中的合理成分和有益养料，以此丰富学校德育的内容，增强学校德育的活力。二是筛选。社会和家庭影响的良莠相伴、优劣杂糅决定着德育实施中筛选的必要性，通过筛选，达到去伪存真，合理发挥其积极影响，尽量克服其消极影响。三是调节整合。高校应主动自觉地对各种不良影响进行调节，并且根据大学生道德发展的需要重新整合构建，以形成共同的作用力与正向合力。

在对学生进行道德教育的过程中，三者应加强联系，相互适应，形成联动，从而沟通学校环境、家庭环境和社会环境之间的联系，达到过程的优化，形成环境影响的教育合力，充分发挥德育环境的整体教育作用。

总之，中国特色社会主义事业要靠青年一代去继承和创造，而青年一代的素质培养则需要我们共同去创造一个和谐的高校德育环境、一个和谐的社会环境。因此，必须深刻把握时代特点和大学生的思想实际，在社会主义现代化建设的条件下，加强高校德育环境建设，共享和谐、良好的德育氛围。

第五章 新时期高校德育的现代化转型与建设

第一节 "互联网＋"高校德育实践创新的总体方略

一、总体目标及方法策略

创新是人类社会组织系统的自我更新和进化，是人类社会文明与进步的必然要求，是人类生存和发展遇到严峻挑战时的客观要求。当"互联网＋"时代以不可阻挡之势来临时，我国社会发展的各个方面都遇到了前所未有的挑战，"互联网＋"时代的特征和优势与社会各行各业的融合发展成为当下最炙手可热的研究课题。

（一）总体目标

要明确创新的目标，首先要弄清创新的含义和特征。创新是指以现有的思维模式提出有别于常规或常人思路的见解为导向，利用现有的知识和物质，在特定的环境中，本着理想化需要或为满足社会需求，而改进或创造新的事物、方法、元素、路径、环境，并能获得一定有益效果的行为。具体地讲，创新是指人们为了一定的目的，遵循事物发展的规律，调动已知信息、已有知识，开展创新思维，对事物的整体或其中的某些部分进行变革，产生出某种新颖、独特、有社会价值的新概念、新设想、新理论、新技术、新工艺、新产品等新成果的智力活动过程。创新的特征在于它的目的性、超前性和独创性：所有的创新活动都带有明确的目的性，这一特性贯穿于创新过程的始终，旨在明确创新实践活动所要攻克的难题，带有目的性的创新才是有价值的；创新活动一定是超前性的，人们根据所处的环境提前预计未来将发生的改变和挑战，对现有的状态进行改革和创新，争取主动的做法便构成了创新；创新也具有独创性的特点，它不是简单的再造或者模仿，而是对以往的不合理或者不先进事物的扬弃，人们独立思考和革新的研究成果体现了创新的新颖独特性。

创新的目的性决定了创新的价值所在，而创新的超前性和独特性又决定了创新必须是根据当前的具体情况策划和组织发展过程的流程再造。高校德育实践的创新发展已经变得迫在眉睫，结合目前高校德育实践面临的新环境和新形势，找到创新的新方法和新规律，从而解决实践中的新问题，才是高校德育实践创新的目标所在。因此，高校德育实践创新的总体目标是：充分把握"互联网＋"时代的高校德育实践过程中面临的新形势和新问题，遵循高校德育工作的基本规律，结合新一代互联网信息技术最前沿的科技成果，以大学生成长成才的实际需求为导向，推进"互联网＋高校德育"的深入融合，建立高校德育实践创新发展的方法体系和实践模型，为高校德育实践工作的科学化发展提供理论依据和技术支撑。

（二）方法策略

在创新研究的过程中，正确的研究方法和策略是保证创新目标能够顺利达成的关键。方法的含义较广泛，一般是指为获得某种东西或达到某种目的而采取的手段与行为方式。策略是指根据形势发展而制定的行动方针和方式方法。方法策略是人们在带有目的性的活动中，采用的有特定逻辑关系的动作所形成的集合整体。方法和策略的制定应该是围绕着行动目标而展开的，正确的方法和策略往往能使行动的效果事半功倍。结合高校德育实践的实际，围绕创新研究的总体目标，创新研究的方法和策略包括以下三个方面：

首先，创新研究要以互联网意识的培养为基础。"互联网＋"时代的到来已经逐步改变了当今社会的生产方式、贸易方式、生活方式、社交方式等，当然，由于社会的各个阶层和群体的接受能力和思维方式的水平差异，受到互联网影响的程度也不尽相同。高校德育实践创新研究必须着力培养高校整体的互联网意识，提升高校德育工作重视互联网、了解互联网、运用互联网的意识。只有提前掌握了互联网的原理和运用互联网解决问题的能力，才能在"互联网＋"时代全面到来时的各项工作中游刃有余，各项事业方能立于不败之地。

其次，创新研究要着重发挥互联网信息技术的优势。"互联网＋"时代的到来之所以迅速改变着社会的每一个角落，在于新一代互联网信息技术确实表现出颠覆以往的面貌。高校作为社会中知识层次和思维活跃度最高的群体，互联网对其的改变可想而知。大学生们不仅对互联网兴趣很高，而且他们的学习、生活、社交越来越离不开互联网信息技术，老师们的教学工作、个人生活同样也离不开互联网，可以说，互联网成了社会关系的一个极其重要的桥梁和纽带。高校德育实践创新研究充分利用好互联网信息技术的优势，用"互联网＋"时代大学生喜欢的媒介和方式，解决"互联网＋"时代大学生共有的问题，这也正是高校德育实践创新的新手段和新智慧的体现。

最后，创新研究要以建立德育实践模型为重点。"互联网＋"时代的到来给大学生

活和社会关系带来了深刻的影响，不论高校地域和高校层次的差别，还是大学生性别、年龄和层次的差别，受到互联网的影响程度基本相同，"互联网＋"时代各高校德育实践遇到的具体问题也大致相同。在这种具有较高相似度的环境下，构建德育实践模型对解决高校德育实践过程中的普遍性问题显得尤为重要。"互联网＋"时代的信息技术具有科学性、稳定性和严密性的特征，利用这些科学技术，结合当下人们所共有的生活习性，以理论框架的研究为支撑，重点研究建立德育实践创新的模型，对广泛提高高校德育实践工作的科学化水平有着极为重要的意义。

二、基本原则

教育是民族振兴、社会进步的基石，是提高国民素质、促进人的全面发展的根本途径。坚持德育为先、推进素质教育，是教育改革发展的战略主题，是贯彻党的教育方针的时代要求。高校德育功能实现的主要途径、高校德育的实践创新，必须立足我国国情和我国高校的实际，整体布局，科学谋划，特别是面对"互联网＋"时代新的发展契机，更要坚持正确的政治方向，根据高校大学生思想品德素质发展的现状和高校德育工作的实际，有效推进德育工作的创新发展。

（一）方向性原则

方向性原则是高校德育实践创新的根本原则，这是由德育的本质所决定的。高校德育是教育者按照一定的社会或阶级要求，有目的、有计划、有系统地对受教育者施加思想、政治和道德等方面的影响，并通过受教育者积极的认识、体验与践行，以使其形成一定社会与阶级所需要的品德的教育活动，即教育者有目的地培养受教育者品德的活动。高校德育实践创新坚持方向性原则，具体来讲：

1. 高校德育实践创新必须坚持社会主义的办学方向

德育在阶级和民族存在的社会具有阶级性和民族性，高校德育是对大学生进行思想、政治、道德和心理品质的教育，是帮助大学生道德发展，培养正确的世界观、人生观、政治观念和政治信仰的教育。高校思想政治教育对大学生的思想行为有着重要的导向作用，能否自觉引导、动员、推动大学生在社会实践中沿着正确的方向前进，直接关系到党的事业发展的全局，关系到高校思想政治教育的成败。作为培养中国特色社会主义合格建设者和可靠接班人的摇篮，高等学校必须坚持以马克思主义为指导，切实加强大学生思想政治教育工作。改革开放以来，我国各项事业快速发展，特别是高等教育事业获得长足发展，改革取得令人瞩目的成绩，初步形成了适应国民经济建设和社会发展需要的多种层次、多种形式、学科门类基本齐全的社会主义高等教育体系。取得这一成

就的关键在于坚持社会主义的方向和党的基本路线不动摇。

随着我国改革开放的不断深入和社会信息化发展的不断加快，社会关系发生着巨大的改变，人们的生活状态和思想领域也发生着深刻的变化，各项事业要保持良好的发展势头就需要进一步的深化改革和锐意创新。习近平总书记说过，我们的改革怎么改、改什么，要有政治原则、底线和政治定力。意思是我们要正确认识任何改革和创新都是有方向、有立场、有原则的，毫不动摇地沿着正确方向不断推进改革、全面深化改革，这个方向，就是高举中国特色社会主义伟大旗帜，不断推进社会主义制度的自我完善和发展。高校德育实践的创新应该始终坚持社会主义的办学方向，坚持马克思主义的指导地位，在此基础上通过改革创新使高校德育工作的各项制度、各个环节更加成熟、更加完善，更加适应当前高校所处的外部环境和发展趋势。

2. 高校德育实践创新必须紧扣国家的教育方针政策

教育方针是国家或政党在一定历史阶段提出的有关教育工作的总的方向和总指针，是教育基本政策的总概括。它是确定教育事业发展方向，指导整个教育事业发展的战略原则和行动纲领。因此，党和国家的教育方针政策具有全局性的指导意义，高等教育各个方面和环节的工作都应该以国家的教育方针政策为指导。当然，不同的历史时期，国家或政党对教育的发展总有不同的政策，教育的战略和政策变动也就会比较频繁，教育方针也就有所不同。作为高校教育工作的一部分，高校德育实践应该紧跟国家的教育方针政策，以国家政策为指导和宗旨，推动德育实践的改革和创新发展。

总之，在"互联网+"时代的大背景下，高校德育实践必须紧扣党和国家的教育方针政策，保持正确的、鲜明的改革发展方向，紧跟国家教育信息化发展的步伐，把信息技术作为德育实践创新的重要手段，为培养社会主义事业合格的建设者和可靠的接班人做出新的贡献。

（二）科学性原则

科学性是判断事物是否符合客观事实的标准。高校德育工作是一项科学性很强的工作，富有科学依据，涉及教育学、心理学、管理学、社会学、哲学等多个学科和相关领域。高校德育工作不能盲目或随意地开展，它有很强的学科和理论支撑，同时，德育过程必须遵循教育规律和管理规律，贴近大学生实际，着眼于大学生的全面和可持续发展。因此，在新时期，高校德育实践创新必然要坚持科学性原则。

1. 高校德育实践创新必须遵循客观规律

客观规律是指不以人的意志为转移的客观世界的规则，在马克思主义哲学中的含

义是：事物运动过程中固有的、本质的、必然的、稳定的联系。马克思主义哲学所预设的认识对象是人的存在本身、实践活动本身的规律，因而客观规律本质上是实践活动本身的规律，我们所了解的教育活动的基本规律、管理过程中的一般规律等都属于客观规律的范畴。高校德育实践创新必须遵循教育规律、管理规律等客观规律，才能在改革创新中将德育的功能彻底释放出来，激发出最大的德育效果。

"互联网+"本身就是信息技术发展到一定阶段，生产力为了更加适应生产关系的发展而诞生的，"互联网+"时代的到来是非常有代表性的客观规律的体现。在这样一个时代，高校德育实践创新必须遵循的客观规律又有了新的描述：德育目标的设定要充分体现以人为本的理念，坚持社会目标、组织目标和个体目标的统一；德育内容和德育资源的构建要体现出国家意志、政治导向和时代追求；德育途径的拓展要更加尊重个体的行为规律和个性需求；德育方法在设计和选择上要更多地体现出全员育人的理念，形成社会、高校、家庭、虚拟空间的教育网络格局。高校德育实践创新在德育的目标设定、内容构建、途径拓展和方法设计上如若都能够体现出极强的科学性，那么德育实践创新一定能够达到预期的效果。

2. 高校德育实践创新必须坚持科学发展的理念

随着信息技术的飞速发展，人们的生活环境、学习习惯、社会关系已经发生了很大的变化，高校德育实践已经无法满足大学生的现实需求。基于此，一方面，高校德育实践创新的关键是要体现出以人为本的教育理念，要尽可能地贴近大学生的现实需求，把握大学生的时代特征，立足现在、放眼未来，促进大学生道德水平和综合素质的全面协调、可持续发展；另一方面，高校德育实践创新要不断地接受和利用信息技术发展的划时代成果，准确掌握大学生所习惯、喜爱的信息技术和手段，剖析其中的奥秘，充分利用这些大学生所推崇的新的媒介方式，提升德育实践创新的实效性。

（三）整体性原则

整体性原则强调的是德育实践的内容、过程、载体等各方面都要成为一个有机的系统，分别发挥出各自的教育力量。如果可以将创新过程划分为几个阶段或主要环节的话，那么创新可以发生在任何阶段和任何环节。高校德育系统的基本要素包括德育的主体、客体、介体、环体，每个环节和阶段的创新都是德育实践创新整体的组成部分，创新的目的是不断提升德育主体的主导性、德育客体的主动性和发挥德育介体的纽带作用和德育环体的条件作用。因此，在德育实践过程中，要用整体性的教育思想和理念指导德育活动，从而达到德育目标的整体性和大学生身心发展的整体性的完美境界。高校德

育工作从来都是一个非常复杂的系统工程，社会环境、高校条件、家庭情况和个体特征等都在德育过程中影响着德育功能的实现。从高校层面来讲，德育实践过程中，诸如德育课程、文化营造、管理服务等各种育人载体、媒介、途径也都是整个德育实践体系里不可或缺的部分。高校德育实践创新应该是整体性思考和整体性推进的一个过程，应以德育系统整体目标的优化为原则，协调德育实践中各个组织和环节的相互关系，确保德育实践工作的平衡性和完整性。

1. 高校德育实践创新要注重整体思维

事物之间错综复杂的联系是构成整体的前提条件，整体思维是一种从整体和全面的视角把握对象的思维方式，非常重视整体和局部的关系。高校德育实践是一项系统性、层次性和参与性都很强的活动，德育过程是各个局部按照一定的秩序组织起来的，德育效果受到各种客观原因的影响，那么权衡好德育实践整体系统中各个组织和环节的关系，将直接决定德育实践的效果。高校德育实践创新要注重整体思维必须做好两个方面的工作：一方面，德育创新应该建立在对德育过程进行全面的、全方位审视的基础上，德育实践体系的创新必须有整体的目标和计划，创新过程整体实施，分类分层次推进；另一方面，德育实践创新还应该衡量、评测德育过程中各个环节、途径、组织在创新整体构架中的地位和作用，梳理和把握好各局部创新环节之间的逻辑联系，通过局部创新的作用激发整体创新的能量。

2. 高校德育实践创新要充分激发德育合力

高校德育工作具有科学的实践体系，德育实践中只有全体教职员工、各种途径和环节的德育目标一致、协调配合，才能提高德育的实践效果，形成卓有实效的德育合力。高校德育实践创新应该进一步重视和发挥德育过程中高校、家庭、社会等各种力量的整体教育功能。其一，德育实践必须通过创新不断适应社会环境和社会关系的变化，将社会资源通过过滤和提纯转化为有价值的德育资源，呈现在大学生面前；同时，要达成德育主体对实践创新的高度共识，高校各德育实践单位和组织要统一德育创新理念，理清德育创新思路，形成德育创新机制，激励德育工作者贯彻德育创新思想，与家庭保持沟通，互通有无，形成联动，将创新举措落到实处。其二，德育实践创新应把握好德育过程中各个环节的创新要点。德育课程创新要通过提升课堂的活力、增强德育资源的张力，来不断提高德育课程在理论学习方面的优势；校园文化活动要通过创新不断提高自身的亲和力和吸引力，进而提升大学生的文化气质和文化自信；管理服务育人应该通过创新手段切实提高管理科学化水平和服务高效的能力，不断增强大学生的荣誉感和归属感。

据此，高效德育实践创新只有通盘考虑、整体思维、协同推进，才能最大程度地发挥出德育合力。

（四）适用性原则

高校德育实践创新的适用性原则是指德育实践的对象、内容、过程等各方面的创新必须符合各单位的自身特点，以满足本单位和组织德育实践的实际需要为准则。高校德育工作一直十分强调理论与实践的结合，德育实践的设计与实施也一直以大学生的实际需求为第一要素。当前，我国正处在中国特色社会主义现代化建设的征程中，随着改革开放的不断深化，经济飞速发展，社会关系深刻变革，人们的社会生活层面和精神生活层面都已经发生了巨大的变化。特别是"互联网+"时代的到来，具有更加鲜明的时代特征，高校德育工作面临的挑战不言而喻，德育实践创新必须以大学生的需求为指向，遵循适用性原则，才能使德育实践创新真正满足广大学生的需要，切实提高德育实践的功能和效果。高校德育实践创新要实现适用性就必须从以下三个方面着手：

首先，高校德育实践创新要保持对社会环境的适应性。社会环境对高校德育实践产生着重要的影响，高校德育乃至整个高校教育都是整个社会文化巨系统的一个较为基层的子系统，它与社会的经济、政治制度及社会文化的其他方面是相互作用的。高校德育不仅是文化积累和突变的产物，更重要的是它参与了整个巨系统的量变和质变。高校德育实践创新必须充分把握政治制度、经济体制及文化传统等各方面的新发展和新变化，明晰如何克服社会发展对大学生的思想道德观念带来的负面冲击，思考社会现实生活需要大学生具备何种思想道德品质，帮助大学生提前培养新的观念和行为方式，减少大学生走入社会的不适，培养出真正的社会政治和道德生活的主人，从而提升德育实践的准确性。

其次，高校德育实践创新要以具体校情为出发点。当前，虽说社会的发展不断缩小着地域、区域、组织的差距，但教育发展的不均衡、不公平还客观存在着，各级各类高校在资源配置、硬件设施、师资力量、专业设置等多个方面的差距不可避免。高校德育实践创新不是对工作经验和优势进行一步到位、千篇一律的复制，一定要从各个高校的实际情况出发，把握高校的具体优势和不足，扬长避短，有针对性地开展改革创新，确保德育实践创新的适用性，方能使德育工作取得良好的实践成效。

再次，高校德育实践创新要充分尊重个体的适应性。高校德育实践的基本任务，是帮助大学生学习理论知识，并通过生活实践来锻炼提升适应社会的能力。当前，生活在"互联网+"时代的大学生，在信息爆炸、文化多元的背景下，不仅其生活方式、学

习方式、行为方式发生了深刻的变化，价值观念也面临巨大的考验。高校德育实践创新要考虑到个体的适应性，主要使命就是尊重个体的身心发展规律，通俗地说就是从大学生的实际需求出发。高校德育实践创新必须对个体的德育接受行为及能力进行充分的研判，准确掌握个体的生活习惯、心理特点、兴趣爱好等行为特征，有针对性地组织德育实践活动，在多元化的社会环境中不断追求德育创新和德育效果的个性化。

第二节　"互联网＋"时代下的高校德育实践创新

一、"互联网＋"时代下高校德育实践的思路与框架

在高校德育实践创新的具体构思和研究过程中，必须首先确立创新的主导思想和条理脉络，这就是创新的主要研究思路和框架。创新研究的思路和框架关乎本项研究的内涵和风格特点，也决定了本项研究的个性化、专业化和与众不同的研究成果。创新是一个相对的概念，其价值与时间、空间有关。同样的事物在今天看来是创新，明天可能是追随，后天大多数人都接受了，可能就是传统了。"互联网＋"时代高校德育实践创新研究的想法是在我国全面实施网络强国战略、国家大数据战略和"互联网＋"行动计划的背景下产生的。教育领域当然不能成为"互联网＋"行动计划的局外人，应该增强加快教育信息化的紧迫感，把握好"互联网＋"给教育带来的机遇，解放思想、与时俱进，以互联网思维不断提升教育质量。因此，总的来说，本研究的实践创新总体思路和框架是：以互联网的思维和技术为切入点，在德育过程中发挥"互联网＋"时代的优势，着力在德育队伍、资源、载体、模式等方面，积极探索"互联网＋德育"的优化路径，形成德育精细化管理的框架，保证高校德育实践的实效性。

（一）以思维塑造为关键的德育主体素养提升

德育主体在德育过程中发挥着极其重要的作用，德育主体的素养直接影响着德育实践的效果，因此，高校德育创新应以德育主体素养的提升为关键。在我国，关于教育主体的问题有"单一主体论""双主体论""主体转化"等不同的论述："单一主体论"认为教师或者学生中的一方是主体；"双主体论"认为教师和学生都是主体；"主体转化"则认为教师开始是主体，随后学生变成主体。本研究关于德育主体的相关讨论，是倾向于建立在"双主体论"基础上的，但又不能忽视德育过程中主体的相互转换。当前"互联网＋"已经渗透于我们生活的方方面面，并深刻地改变着社会的生活、学习和交流方式。创新从来都不是一个新的概念，它是由社会发展而引起的必然行动，高校德育

实践创新是"互联网+"时代的必然要求。德育主体素养一般包括道德素养、专业素养和能力素养，处于"互联网+"时代的高校德育主体在思维和能力上都必须紧跟社会发展的脚步，不断提升自身综合素养，使高校德育工作符合时代的要求，从而彰显德育实践的成果，所以，德育主体素养的提升是高校德育实践创新的关键。

1. 互联网思维的塑造

思维是人类所具有的高级认识活动。按照信息论的观点，思维是对新输入信息与脑内储存知识经验进行一系列复杂的心智操作的过程。通俗点说，思维就是思考、思索，是人们为了完成一项任务用大脑所进行的活动。人们的思维方式不同，会导致对相同问题的思考所得出的结论也不同，可见思维方式对于思考和解决问题是至关重要的，正确的思维方式可以帮助我们迅速地接近事实的真相。思维包括智力、知识和才能三个基本要素，因此，思维其实是一种能力，是先天与后天结合的能力，是学习与实践结合的能力。互联网思维，就是在互联网不断发展的背景下，对市场、用户、产品、企业价值链乃至对整个商业生态进行重新审视的思考方式，"互联网+"时代的高校德育主体只有运用互联网思维进行思考和解决问题，熟悉互联网的特性、提高互联网使用能力，才能够充分体验和分享这个时代的便利和优势。

首先，德育主体必须熟知互联网的特性。"互联网+"时代一切行业的行为方式都发生了变化，熟悉互联网的新特性，对于准确把握行为规律、得到满意的行为结果有决定性的作用和意义。作为德育主体的教师和学生都必须明白"互联网+"时代的教育面貌已经发生了很大的变化：互联网的信息传递和获取比传统方式快了很多，内容丰富了很多，德育资源配置的优势尽显无遗；互联网让人们表达、表现自己成为可能，每个人都有表达自己的愿望，都有参与到一件事情的创建过程中的愿望，德育过程中对师生相互尊重和参与互动有更高的要求；互联网让数据的搜集和获取更加便捷了，并且随着大数据时代的到来，数据分析预测对于提升用户体验有非常重要的价值，德育过程中的对象体验分析同样可以利用数据分析来提高准确性。德育主体必须熟知诸如此类的互联网特性给高校德育实践带来的变化，并且转变传统的思维方式，用全新的视角和方式来对待德育实践，方能在新的环境和条件下争取主动。

其次，德育主体必须具有互联网的意识。高校师生从来都是思维最活跃的群体，容易接受新事物和新思想，接受能力也非常出众。当前"互联网+"时代的大潮滚滚而来，无数的新事物、新思想、新理念充斥着我们生活的每一个角落，在高校各种各样的教育思潮下，全新的教学方式、手段迅速替代着原有的内容。特别是在"互联网+"时代，

通过互联网来实现教育资源的共享、教学手段的提升，在以往看来不可能的教育形态现在正在一一实现。在这种背景下，高校德育主体必须快速接受和具备互联网的意识，与时俱进，尤其是要交流当下的互联网使用的知识；德育主体更要有学以致用的意识，把互联网的新知识、新内容与高校德育实践更好地联系起来，不断更新和掌握互联网的知识，发挥互联网的作用，才能紧跟时代的要求，适应新形势下的高校德育实践工作。

最后，德育主体必须具备基本的互联网能力。德育主体具备了互联网意识只是德育实践创新发展的第一步，互联网能力的具备才是实践创新的核心竞争力。在"互联网+"的背景下，互联网的科学技术如何与德育过程深度融合成为高校德育实践创新的一个核心命题。德育主体能够将互联网技术灵活地融入德育实践中，不仅能够充分地适应"互联网+"时代的主客体特征，而且能够让德育过程呈现出脱胎换骨的面貌，极大地提升德育实践创新的亲和力。德育主体需要掌握的互联网能力包括：能够独立制作和使用各种多媒体工具，利用生动的现代化教育手段，使学生能够更加容易地掌握复杂的知识；要熟练掌握信息化的德育手段和交流方式，通过新媒体的方式建立受学生欢迎的教育和交流途径；不断加强互联网知识的学习，互联网知识是更新极快的，学习不是一蹴而就的，它是一个系统的工程，同时又是一个不断更新的过程，而互联网的知识内容是良莠不齐的，对于正面和负面的内容，德育主体要学会分辨和筛选。在这个大背景下，德育主体只有不断地提高自身的互联网素质，应对互联网大潮对高等教育的冲击，紧跟互联网的发展和变化，才能真正抓住"互联网+"时代的大好形势，克服高校德育实践在互联网高速发展中的各种不适，把互联网的优势发挥得淋漓尽致。

2. 创新能力的培养

德育主体创新能力的培养能否落实是高校德育实践创新成功与否的关键所在。创新能力是在各种实践活动领域中不断提供具有经济价值、社会价值、生态价值的新思想、新理论、新方法和新发明的能力。具有创新能力的群体或个体能够运用新颖、独创的方法解决现实中的问题，他们通常会突破常规思维的框架界限，以新的视角和方法去思考问题，提出与众不同的解决方案，从而产生新颖的、独到的、有社会意义的实践成果。创新的展开与实现，都是以创新主体特有的能力为基础和条件的，是主体的创新能力的产物。德育主体的创新能力是高校德育工作者进行创新活动的能力，是开展德育实践活动中产生新想法、实施新举措的能力。高校德育实践创新的过程中必须培养德育工作者运用已有的基础知识和可以利用的资源，联系相关学科的前沿知识，创造新颖的、独特的、有价值的思想、观点和方法的能力。培养德育主体创新能力要

注重培养以下几种素质：

第一，培养自信健康的心理素质。自信健康的心理素质让德育工作者保持良好的适应能力，并以积极的心态面对纷繁复杂的工作，始终坚持自己工作的方向，面对困难挫折仍然努力不懈；拥有自信健康的心理素质让德育工作者敢于正视工作中的问题，接受现实并勇于承担责任，找到工作的乐趣；自信健康的心理素质也会让德育工作者善于发现自己的不足，乐于找到他人的长处，善于学习、不断进步才能让工作有更大的收获。

第二，培养好奇求变的思考习惯。心理学认为，好奇心是个体遇到新奇事物或处在新的外界条件下所产生的注意、操作、提问的心理倾向。求变的习惯让人们不墨守成规，凡事都以新的视角去重新思考，那么会得到不一样的结果。好奇求变的思考习惯会让人们对某一事物感到疑惑，进而深入地进行思考，以求弄清事情的原委，这种思考和行为习惯往往被认为是创新的前奏，是产生创新的起点动机和驱动力。培养德育工作者好奇求变的思考习惯，不仅能够激发其学习的内在动机，以强烈的求知与求学的欲望去寻求知识，同时也是德育主体创新意识和创新基本素质提升的体现。

第三，培养目标意识和实践能力。所谓目标，就是要达到的目的、标准或境界，目标意识是指人在言语、行动时及其过程中有意识地达到的目的或标准，也就是说当我们做任何一件事时，都应该要达到一种目的，或者形成一种标准。实践是创新的最基本途径，是检验创新能力水平和创新活动成果的尺度标准，实践能力就是把自己的创新思考和想法通过实践去实现的能力。高校德育实践创新中必须制定合理的目标，每一步创新过程必须是在一定的方向和目的的指引下开始的，创新目标的确定使德育过程始终对目标实现保持较高的期待，从而产生克服各种困难的坚强意志，通过大量的创新实践活动，向目的地不断前进。

（二）以信息技术为驱动的德育实践体系优化

"互联网＋"是新一代互联网信息技术飞速发展的产物，是基于各种革命性科学技术的积累和创新的成果，"互联网＋"时代以去中心化、平台化、用户需求导向的特征宣告了新的信息获取和传播方式的到来。一直处于创新前线的高校，在创新的发生和引领上历来都肩负着巨大的使命，特别是在"互联网＋教育"这个备受关注且预计有无限创新空间的命题面前，高等教育如何主动地适应教育信息化的飞速发展，巧妙运用并发挥"互联网＋"时代信息技术的优势，不断提高高等教育的质量和水平，值得我们深入地思考和探究。基于"互联网＋"的高校德育实践创新研究，互联网新一代的核心技术成果是创新研究的切入点，准确把握和利用好新兴的互联网技术的特性，结合高校德育

实践的具体特点和需求，使互联网新一代的核心技术成果在高校德育实践中成功落地，是高校德育实践创新研究重点要解决的课题。以互联网技术驱动来优化高校德育实践应该从以下三个方面入手：

1. 德育资源的优化

"互联网+"时代对教育资源的影响尤为深刻。随着互联网技术的飞跃发展，在线学习、微课程、慕课、泛在课堂、翻转课堂等各种新生的教育资源和教育形式层出不穷，"互联网+"让教育资源打破了传统的壁垒，变得更加多元和开放，这也使得高校德育能够通过互联网获得更加丰富和充实的教育资源。互联网技术为教育资源的丰富创造了无限可能，高校德育实践创新要抓住这一技术红利，在德育资源的内容延展和质量提升上下功夫，方能最大化地将互联网技术的优势运用在德育资源的优化上。

首先，要注重德育资源的内容延展。对于教育资源的内容延展，互联网技术体系最大的优势在于它能够突破时间和空间的限制。自古以来，教育资源都是稀缺资源，这是由各种原因所造成的。现如今，互联网科技将五湖四海的海量教育资源和内容，轻而易举地传送到教室、寝室、图书馆等我们愿意去获取的地方。只要是具备基本的上网设备和条件，通过各种各样的互联网终端，都能随时随地地连接互联网，自主地搜索和筛选个性化的学习内容。对于获取这些教育资源，除了微不足道的网络流量费用，其他的教育内容基本是免费的，这也在很大程度上为我们提供了便利。"互联网+"时代为人们以技术驱动引领教育资源延展为核心，大量集成和整合各种教育资源提供了强大的理念和技术支持，也为教育资源的内容延展带来了前所未有的契机。高校德育实践在德育资源和内容上的创新发展，需要充分挖掘和运用互联网技术的优势，以德育课程资源的内容再造为重点，探索构建互联网德育资源库，打破时空的限制，让德育内容无限延展到大学生的学习、生活和娱乐的每一个角落，学生随时随地都可以按需获取德育内容。

其次，要注重德育资源的质量提升。随着互联网信息技术的发展，网络上各种各样的教育媒体、教育机构和教育平台应运而生，人们不仅已经开始习惯了这种网络学习方式，同时，这些互联网学习资源表现出与众不同的一面。与传统教育资源相比，这些教育资源显得更加生动有趣，更加能够体现现代科技感，符合学生需求的同时，也更加能够深深地吸引学生，发挥出众的教育功能。在开放的大背景下，全世界的优质教育资源不断地充实和丰富着线上课堂，这些教育资源通过互联网连接在一起，使得人们可以畅游在知识的海洋。社会、经济、政治、文化、生活等各个领域的最新知识，都能够快速刷新至课堂之上，这将彻底改变传统教育资源内容陈旧的现状。同时，增加德育资源

的吸引力是质量提升的关键，高校德育实践创新应发挥技术驱动的支撑作用，如利用图像采集、数字虚拟、视频动画、社交网络等技术，构建更生动、更直观的德育内容。此外，以大数据和人工智能为核心技术的新一代互联网使每个人都成为网络社会中的一个独立的信息源，传统的中心化的信息传播的单向模式不复存在。学生不仅仅是教育资源的接受者，同样也是教育内容的生产者，高校德育资源的构建应充分融入学生的参与和智慧，这将使德育内容更加的人性化且具有亲和力。

2. 德育关系的重构

"互联网+"时代，不仅是教育内容的生产和传播的方式发生了巨大的变化，受教育者的知识、信息获取方式和学习方式也发生着变化。由此致使教育过程也改变了原有的面貌，以教师为中心的传统教授模式中，教师的中心地位正在逐渐减弱，教师在教育过程中的权威地位不那么明显了，教师也不再是教育内容的唯一来源，因此，可以说"互联网+"时代受教育者对教师和课堂的依赖性将明显减弱。高校德育实践也同样面临这样的挑战，不能正确地处理好新时期德育过程中的这些关系，不仅会使德育实践的权威性大大降低，也会让师生关系趋于紧张，最终影响高校德育实践的效果。所以，"互联网+"时代的高校德育实践创新必须清晰洞察、重新梳理德育过程中的师生关系和德育方式，方能让德育实践创新在师生和谐中形成合力、产生实效。

首先，师生关系的重组要讲究"对称交流"。所谓"对称交流"就是指师生的平等关系和获取信息的对称性。"互联网+教育"打破了教育系统中原有的各种关系结构，并对其进行优化重组，使教师与学生的关系、教育单位与学习个体的关系发生根本变化。在互联网的环境中，知识和信息的获得变得更加自由和便捷，不管是教师还是学生都能够根据自己的需要方便地找到学习内容，故而学生对教师的依赖性逐渐减小，或者说教师不再是学生获取知识的主要渠道。师生关系的传统内涵被打破，在现实中的师生关系，到了网络上，可能成为同在学习某项新鲜知识的同学关系，现实世界与虚拟世界界限变得模糊。这时，教师的身份和作用可能就从教育过程的主导者变成了学生学习的辅助者和服务者，教育过程从灌输式转变成互动式。高校德育实践创新就是要对师生关系进行重组，建立与"互联网+"时代相适应的师生关系，着力发挥和增强教师在信息化条件下对学生的个性化学习需求的辅导功能，让教师具有足够的互联网能力，让学生拥有足够的选择权利，在德育过程中实现德育主客体的对称交流。

其次，德育学习方式的重建要注重"学监并重"。"学监并重"强调的是学生自主学习的地位与教师监管指导的地位同等重要。随着教育现代化的飞速发展，多元化、

实时化、碎片化、个性化的互联网新形态，无限放大了受教育者的主体地位，使其更加自由和便利地获取各种知识信息，也使受教育者能够自主制订学习目标和计划、安排学习进度、选择学习时间和地点等，他们的自主性、个性化和能动性将得到充分的发挥。高校德育实践创新要明确学生学习习惯的特点是"互联网＋"时代的特点决定的，学习方式的改变既然不可逆，就要顺应这种改变找到新的合理的德育学习方式。一方面，要尊重学习者新的学习方式和习惯，要利用互联网信息技术为学生创造更便利的学习条件，充分满足学生在网络上的学习需求，将之作为学生课后自学的补充；另一方面，要构建互联网学习和现实教育的良性互补关系，发挥德育教师的经验优势，在现实教学中不仅帮助学生对互联网海量的教学资源进行筛选、过滤和把关，把握德育内容的健康性，监督指导学生的学习进度，而且对学生互联网学习中解决不了的问题给予解答，进一步提高学生学习的针对性和目的性。高校德育实践在这种新的德育学习方式的推动下，将更加体现对差异的尊重，也将从整体上促进德育质量的提升。

3. 德育实效的提升

德育实效，是德育主体按照德育计划，通过一定的德育途径和手段，完成德育目标的程度，通俗说来就是对德育工作的效果和效率的考量。高校德育实效的基本内涵，是高校德育在一定德育计划的指引下，通过德育过程来实现德育效益、德育效果和德育效率的统一。德育的实效性是高校德育工作价值的出发点和归宿，也真实反映了高校德育实践工作的成败，所以，德育工作的实效性一直是学校乃至社会都非常重视的一个话题。促进高校德育实践效果提升的途径和方式很多，包括政策上的、机制上的、手段上的等，而在"互联网＋"时代背景下，高校德育实践创新研究的重点是如何以信息技术为驱动来提升德育的实效性。

第一，促使德育实效的可能性提升。提升德育实效就必须回归到德育实践的本身，洞悉德育实效得以实现的基本规律，找到提高德育实效的着力点，解决制约德育实效的障碍和问题。影响德育实效达成的是德育过程中包括德育工作者、学生、德育内容及环境等在内的基本要素，不断加强这些基本要素的素质提升和质量建设，德育工作自然会达到理想的德育实效。简单来讲，就是要努力确保德育过程的高质量完成，才能保证德育实效的实现。那么，"互联网＋"时代就要求高校德育实践从德育过程中的基本要素出发，把握"互联网＋"时代德育实践各个基本要素和德育环节的特性，通过信息技术手段的创新，落实德育过程中各要素的质量提升，保证德育环节的圆满完成，从而提高高校德育的实效性。

第二，推进德育过程的科学化控制。德育实效性的提升与否是德育目标达成与否的关键指标，德育过程的每个环节都是德育实效性得以实现的保障。在传统的德育实践中，德育过程的把握、德育主客体的激励、德育实效的掌控，都是由德育工作者或者德育机构来完成的，这一流程需要耗费大量的人力和物力，而且对德育过程的掌控由于这样或那样的原因，往往并不科学、准确，德育效果也就不尽如人意。"互联网＋"时代科学技术的飞速发展，为人们带来了与以往大为不同的技术优势。

第三，提供德育评价的可靠性依据。德育评价贯穿于德育实践的每一个环节，德育实践需要通过德育评价来分析其德育过程是否合理，评判德育效果是否满意，从而判断德育目标是否实现，因此德育评价的功能对德育实践的不断完善和发展具有重要的意义。"互联网＋"时代，大数据所采集的海量数据是不会说谎的，大数据分析的结果是最客观的现实反映。德育实践可以充分利用大数据带来的技术优势，在德育过程中对德育内容教授各环节的指标进行测评和反馈，更加有效地指导德育过程的调整及优化，促进德育实效的提升。同时，德育实践要利用可靠的德育评价系统，准确地把握个体的德育接受特性，根据反馈的结果制订有针对性的、个性化的德育目标和计划，形成差别化德育的生态系统，以最大程度保证德育的实效。

（三）以需求导向为目标的德育过程模型构建

德育过程的模型构建是高校德育实践创新研究的重要指标，高校德育工作本身就是一项十分注重实践的工作，德育实践创新研究旨在通过对包括德育环境、德育主体、德育途径、德育手段等在内的德育过程的分析和研究，建立一套具有科学化、标准化、代表性、可复制的德育工作模式，切实提高高校德育实践的实效性。所谓"模型"，《现代汉语词典》的解释是"用压制或浇灌方法使材料成为一定形状的工具"，通称"模子"。概念解释是通过主观意识借助于实体或者虚拟表现，构成客观阐述形态、结构的一种表达目的的物件，人们依据研究的特定目的，在一定的假设条件下，再现原型客体的结构、功能、属性、关系、过程等本质特征的物质形式或思维形式。模型构建的过程具有极强的目的性，是把握研究对象主要特征的一种简化描述，通过概括性、结构化的表达来形成人们思考和解决问题的基本模式，在这一点上，正好切合了德育实践以学生需求为导向的特点。因此，当前高校德育实践的模型构建是基于"互联网＋"背景下社会所期待的德育模式尝试，模型的构建不仅要以德育的过程需要和学生的现实需求为导向，克服德育过程中存在的现实问题，解决学生学习、生活中的具体困难，同时，还是对社会各界"互联网＋教育"期待的一种现实回应，是顺应社会生产力发展和生产关系变革的实

践创新。

1.决策模型构建

德育实践是非常注重人文关怀的一个过程，其中势必会夹杂许多主观的和感性的因素，而德育目标的制定、方法的使用、效果的评价却应该是非常严谨的工作，必须有系统的原则和科学的依据，因此，在德育过程中处理和平衡好这些关系，做好德育实践的决策，对于实现德育实践的效果至关重要。决策是为了实现特定的目标，根据客观的可能性，在占有一定信息和经验的基础上，借助于一定的工具、技巧和方法，对影响目标实现的诸因素进行分析、计算和判断选优后，对未来行动做出决定。决策模型是为了辅助决策而研制的数学模型，是一项与数学、社会学、心理学和行为科学有密切关系的工程，建立决策模型的目的是帮助人们提高决策效率和质量，缩短决策时间，降低决策成本。所以，决策模型是一门创造性的管理技术，它包括发现问题、确定目标、确定评价标准、方案制定、方案选优和方案实施等过程。高校德育实践创新的决策模型构建意义正是在于，通过增加德育过程的科学化和准确性，提高德育效率和质量。德育实践决策模型的构建要瞄准三个方向：

第一，精准把握学生状态。高校德育实践的基础在于准确地了解和熟悉学生的状态，有针对性地开展德育工作，而落脚点在于通过德育工作能够引导学生塑造正确的道德品质、养成正确的学习习惯和培养健康的生活状态。正如本研究前面所论述的，"互联网＋"时代的到来，彻底颠覆了人们的思维模式和行为习惯，这对社会管理和秩序提出了极大的挑战。大学生是好奇心和接受能力极强的群体，包括学习方式、生活习惯、娱乐喜好在内的大学生的状态也发生了深刻的变化。当然，互联网从来都是一把"双刃剑"，在改变学生状态的同时，也为德育工作提供了有利的技术手段。"互联网＋"时代的云计算、大数据分析等新一代信息技术让德育实践决策模型的构建成为可能，并让德育实践工作把握学生状态的能力更加强大。德育工作可以将学生的信息终端作为信号源，利用信息技术的手段准确把握学生在哪里、干什么，通过技术分析得出会发生什么、为什么的结果，精准地把握学生状态，为德育实践决策提供可靠的依据。

第二，实时反映德育过程。德育过程的完成质量直接决定着德育效果，对德育过程的把握和调整的基础是准确了解德育过程的真实面貌，例如，学生在学习学校所开设的网络课程时，学习时间是否有保证，课程学习的覆盖率是否理想，学生对德育文化的关注是否踊跃，学生参与德育实践活动是否积极等，这些信息如果能够准确及时地得到反映，帮助德育工作者准确把握德育实践的执行情况，无疑将极大地提高德育实践工作

的实效性。利用"互联网+"时代的信息技术手段第一时间收集这些德育过程的数据，构建分析和决策模型，将进一步提高高校德育实践工作的有效性。

第三，客观反馈德育评价。德育实践是一个强调参与和互动的过程，德育目标的达成要靠德育主客体在德育过程中共同努力，德育实践中的过程、形式和内容的质量是否让德育对象满意，德育效果是否理想，这些关于德育的评价对德育决策有决定性的意义。德育评价包括很多方面，决策模型的构建和研究关注更多的是学生对德育过程的直观感受，类似于用户体验。用户体验是在用户使用产品过程中建立起来一种纯主观的感受，是一种强调以用户为中心、以人为本的产品设计理念。显然，建立一套能够客观反馈学生对德育实践体系的认知印象的决策模型，有利于准确把握德育实践中学生的体验和感受。客观的德育评价使德育目标的制定和德育过程的设计更加科学、有效。

2. 环境模型构建

"互联网+"时代的网络生活已经是学生成长过程中的常态环境。环境既包括大气、水、土壤、植物、动物、微生物等为内容的物质因素，也包括以观念、制度、行为准则等为内容的非物质因素。环境是相对于某一事物来说的，是指围绕着某一事物并会对该事物产生某些影响的所有外界事物，即环境是指相对并相关于某项中心事物的周围事物。本研究界定的高校德育环境包括围绕着学生和整个德育过程的，对德育效果产生影响的教师队伍、朋辈关系、文化氛围、网络环境等外部空间、条件、状况的总和。高校良好的德育环境构建，就是在学校整体规划设计、积极引导和管理下，全体师生共同参与、共同营造的符合学生成长特点，旨在培养学生思想素质、政治素质、道德素质和心理素质等总和素养的过程。改革开放以来，我国高校德育工作的创新发展实践证明了德育环境既是一种外部的环境，也是一种内部的素养，既是静态的目标构建，也是动态的过程实践。高校德育环境是德育实践过程的土壤和空气，良好的德育环境将使德育实践充满活力和生命力。环境模型的构建旨在通过模型设计，提炼和固化德育过程中各因素的质量，为德育过程的顺利完成和德育效果提供保障。环境模型构建主要从以下几个方面入手：

第一，把握主题导向的网络环境营造。网络环境被描述为：学习者在追求学习目标和问题解决的活动中，可以使用多样的工具和信息资源并相互合作和支持的场所。结合互联网时代高校学生的学习和生活特性，可见网络环境对德育实践的影响非常之大。"互联网+"时代，高校德育资源和内容的传播呈现出多媒体化、传输网络化、处理智能化和教学环境虚拟化的特征。在德育实践的全过程中，包括多媒体终端、网络教室、

网站网页等在内的经过数字化处理的多样化、可全球共享的学习材料和学习对象空前繁荣。网络环境方向把控显得尤为重要，一方面，要通过技术手段实现对全球化的学习资源的过滤，保证网络环境的干净整洁，减少甚至杜绝对学生的负面影响；另一方面，要主动构筑理论学习、专题教育、主题网站等网络主题舆论阵地，主导正确的思想素质和价值理念，由此保证高校德育工作的正确方向。

第二，体现思想引领的朋辈素养提升。高校德育实践过程中教师队伍的素质对学生道德培养所起的作用不言而喻，朋辈之间的影响对学生道德素质的提高更是起着决定性的作用。大多数学生在青少年时期的世界观、人生观、价值观尚未成型，思想道德和各方面的素质都易受影响而出现偏差，因此，教师的思想引领和朋辈的感染对学生德育的效果至关重要。高校德育实践的创新要加强德育工作队伍素养及学生群体整体素质的提升，一方面，应该培养广大德育教师的创新意识，通过学生喜爱和习惯的途径，比如网络微博、微信等交流媒体，深入到学生群体中开展工作，加强对学生的思想引领和指导；另一方面，要不断提升学生的道德素养，选拔培养优秀的学生骨干，作为意见领袖在学生群体里发挥引领作用，及时检测、发现和报送学生群体中的思想隐患，营造良好的朋辈道德成长氛围，切实提高学生群体的道德素养。

第三，突出文化带动的网络社区构建。"互联网＋"时代，网络社区在学生成长实践中，在时间长度、影响广度和深度、收获的成果等方面，远比现实生活占有的比重要多。网络社区是包括BBS、论坛、贴吧、公告栏、群组讨论、在线聊天、交友、个人空间、无线增值服务等形式在内的网上交流空间，同一类型和主题的网络社区集中了具有共同兴趣的访问者。网络社区就是社区网络化、信息化，简而言之就是一个以成熟社区为内容的大型规模性局域网，涉及金融经贸、大型会展、高档办公、企业管理、文体娱乐等综合信息服务功能需求。由此可见，"互联网＋"时代网络社区作为伴随学生成长的主要环境，对学生思想道德品质形成的重要性不言自明。高校德育实践创新要形成各部门联合行动的管理机制，有计划地组织网络文化的创建，以文化氛围引导学生网络文明的形成，以积极上进的网络社区环境激励学生利用网络学习知识、创新创业、表达观点、抒发情怀。

3. 管理模型构建

高校学生事务的管理与服务是高校德育实践不可或缺的一部分，德育实践过程中的"用户体验"对德育效果的影响非常之大。高校学生事务管理和服务中管理的水平和服务的质量都对德育效果起着决定性的作用，科学的管理和优质的服务对发挥德育功能、

实现德育目标有着不言而喻的作用。随着社会经济的不断发展，人们对社会管理和服务的要求越来越高，与需求相匹配的管理和服务往往会赢得人们的认可，形成良好的社会秩序和氛围。与此同时，高校学生对校园管理和服务认知与要求也不断提高，特别是随着互联网信息技术的不断发展，学习生活习惯的变化更是使学生对高效率、高质量的管理服务充满期待。充分利用互联网新一代的信息技术，准确把握学生的特点和需求，建立人性化、高质量的管理模型是高校德育实践创新的必然要求。"互联网+"时代的大学生自主性和独立性更强，学习和生活的方式趋于个性化，因此，高校德育实践应该以学生的体验为出发点，力争在管理和服务中构建能够实现学生自助服务、自我管理和自主学习的管理模型。

首先，管理模型的构建要完善学生自助服务的平台。不断增强高校学生事务管理服务的快捷度和高效性，不仅能够为德育工作队伍减负，节约大量的人力、物力成本，而且在为学生带来便利服务的过程中，能够极大地提升德育实践工作的亲和力，增强学生对学校及德育工作的认同感和归属感。科学技术的发展不仅带来了社会的进步，也使学生的需求不断提高，高校学生事务管理服务信息化建设刻不容缓，通过科技手段建设自助服务是学生事务管理服务发展的趋势。自助终端采用的模块化结构设计，维护方便，成本低廉，可使得管理服务过程达到较高的便利性，更加体现了管理服务的人性化设计理念。同时，建立和完善这样的学生自助服务平台，也使学生在使用这种可靠和稳定的数据设备中，潜移默化地接受诚信教育，在规则和规范的帮助下自发形成契约意识。

其次，管理模型的构建要培养学生自我管理的意识。培养学生的独立意识和独立精神是高校德育实践的重要内涵之一，通俗地说就是要实现学生的自我管理，使其能够对自己的目标、思想、心理和行为等表现进行管理，实现自我组织、自我管理、自我约束、自我激励、自我奋斗的一个过程。在高校以往的学生事务管理服务模式中，德育工作者参与过多，一方面限制了管理服务效率的提升，另一方面让学生的独立性得不到足够的锻炼，凡事易对他人产生依赖感。管理模型的构建要通过建立一系列的学生信息化服务系统，让学生能够自己完成个人的信息管理、课程管理、生活管理等工作。在这一过程中不断培养学生的计划能力、自控能力，进而实现学生自我管理、自我教育。

最后，管理模型的构建要提高学生自主学习的能力。学习能力是学习态度、学习方法和学习计划的总和，是动态衡量人才质量高低的真正尺度。"互联网+"时代学生的学习方式、生活节奏和行为习惯都发生了深刻的变化，学生的个性化需求被放大并得到足够的重视。高校德育实践管理模型的构建要充分体现对个体行为差异的尊重，利用互联网信息技术建设更多的信息化学习平台，使学生能够随时随地通过笔记本电脑、手机、平板电脑等移动终端选择学习方式和学习内容。模型的构建要帮助学生自主制订学习目标和学习计划，自我调节学习时间、学习负荷和心理压力，克服学习中的挫折和困难，合理规划并形成自己的学习过程。管理模型的构建不仅能够满足学生在互联网时代新的学习需求，而且在通过帮助学生建立自我学习的过程中，还能切实提高学生的学习效率和学习效果。

综上所述，"互联网+"时代不仅给高校德育实践带来了一系列的难题和挑战，同时也为提升高校德育工作水平和质量带来了机遇和契机。按照高校德育实践创新研究的总体目标，遵循创新的基本原则，采用正确的方法和策略，将互联网与高校德育实践深度融合，并产生化学反应，从而为高校德育实践提供更有力的支撑保障，最大限度地释放"互联网+"带给高校德育工作的红利，会让"互联网+高校德育"的果实惠及莘莘学子。

二、"互联网+"时代下高校德育实践的创新

"互联网+"时代高校德育实践的发展与创新不仅是时代的要求，也是顺应高校互联网民意、保持互联网秩序和维护网民利益的内在需求，更是"实施网络强国战略，让成果惠及全民"的政策要求。"互联网+"时代高校德育实践的创新，就是要秉承"互联网+"的思维和理念，充分借助于"互联网+"时代信息技术的优势，改进高校德育实践的方式和方法，以保持高校德育理念的先进性、德育实践的有效性和德育过程的科学性，推动高校德育实践过程中各个环节的全面优化。如此，才能保证在"互联网+"时代的创新发展中，高校德育实践的方向更准、腰杆更硬、底气更足。

（一）塑造积极"互联网+"思维以保持德育理念之先进性

当前，"互联网+"逐步深入融合到经济发展、社会管理、人们生活的每一个角落，高校所面临的社会环境和高校内部的治理结构发生了巨大变化。互联网已经成为高校的思想和知识传播的重要领域、师生学习和生活的创新空间、学校教学管理的重要平台。"互联网+"时代构建了高校德育实践新的内、外部环境，"互联网+"不仅带来了先进的信息技术，也为高校德育实践提供了一种先进的思维方式。积极培养高校以"互联网+"思维开展德育实践创新的意识，不断提高高校师生的"互联网+"能力，才能准确抓住互联网高速发展所带来的新机遇，保持高校德育理念的先进性。

1."互联网+"意识的培养

随着我国"互联网+"行动计划的不断发展，"互联网+"已经由国家战略转变为深入人心的思维意识和方法论。高校德育实践要充分共享"互联网+"带来的红利，不

仅要从学校层面加强对"互联网＋"意识培养的重视，更要做好德育实践主体的意识培养。高校德育"双主体"一直是本研究所持的德育观点，即在高校德育实践过程中，教师和学生都是德育实践活动的主体。切实培养高校师生共同的"互联网＋"意识，有利于形成教师和学生协调互动、共同发展的良好格局，从而达到高校德育实践良好的育人效果。

（1）学校"互联网＋"顶层设计

"互联网＋"时代高校的外部环境和师生的思想形成都发生了明显的变化，学校应该从全局的角度出发，系统地把握新形势下高校德育实践所面临的机遇和挑战，统筹考虑学校层面和师生层面的变化，明确"互联网＋"时代高校德育实践创新的理念和目标，制订可行性较强的实践计划，并通过机制的建立保证德育实践的创新发展。

学校应该对国家"互联网＋"行动计划做出积极回应，准确把握"互联网＋"的发展理念和趋势，通过平台搭建、体系重构、机制驱动等方式，明确"互联网＋"深度融入学校人才培养和德育实践的发展战略。一方面，学校应进一步加大经费、人力、物力等资源的投入，成立专门的互联网信息化工作办公室，加强信息化基础设施的建设，推进无线网络进校园、进课堂、进宿舍的校园网络全覆盖工程，布局高校德育实践创新发展的关键技术，为"互联网＋"背景下高校德育实践创新搭建工作平台；另一方面，学校应通过建章立制明确"互联网＋"深度融入高校人才培养的发展思路，引导、激励单位和个人树立新思维，借助于新技术，产生新动力，加强学校层面对"互联网＋"的推动、扶植与监督，提供"互联网＋德育"的相关服务，将"互联网＋"与高校事业发展深入融合机制化、常态化，推进高校人才培养和德育实践的创新发展，不断激发高校德育实践工作的新活力。

（2）教师"互联网＋"意识培养

高校教师"互联网＋"意识的培养就是要帮助教师利用互联网开展教学、管理、服务等工作，并在这一过程中不断创新教育理念和手段，提高教育水平和效果。高校德育实践过程中，尽管教师和学生都是德育实践活动的主体，但由于传统教育模式的影响，教师往往在师生关系中还是处于相对主导的地位，因此，教师"互联网＋"意识的培养在整个德育实践创新过程中的作用显得尤为重要。

首先，教师必须认识到"互联网＋教育"的趋势之不可逆。"互联网＋"已经从国家战略的高度自上而下改变着我国经济发展、社会生活的方方面面，教师可以深刻体验到这一点，但更重要的是认识到新形势下"互联网＋教育""互联网＋学习""互联网＋德育"已经成为高校人才培养不可逆的发展趋势和创新驱动力。对"互联网＋"新形势的清醒认识是高校教师在德育实践活动中树立新理念、凝练新思路、形成新方法的

不竭动力。

其次，教师必须提高利用互联网的主观能动性。"互联网+"是一种开放的思维和方法，这就为高校德育实践创新提供了无限的可能和多种结果。教师必须树立主动的、积极的"互联网+"意识，在高校德育实践活动中分析、把握、结合德育过程和德育主体的新规律，利用"互联网+"的技术优势，解决新时期高校德育实际活动中的新问题，对学生进行积极的引导和帮助，达成师生对"互联网+"融入德育实践活动的共识，形成良性互动，方能切实提高德育实践活动的实效。

（3）学生"互联网+"行为引导

大学生群体是思维活跃、求知欲和学习能力较强的一个群体，他们对互联网信息技术的接受、适应和熟悉都较快。然而，"互联网+"时代的海量信息资源和多元价值文化很容易让学生在网络世界里迷失，学生通常是在互联网上娱乐、交友、购物等，利用互联网学习的比重却相对较少。互联网已经成为学生学习、生活中的必需部分，在无法阻止学生接触互联网的前提下，引导学生正确、健康地使用互联网就显得非常重要。加强对学生"互联网+"行为的引导，就是要引导学生利用互联网完成更多与学习和成长有关的内容。一方面，在教学过程中适当减少课堂学习的比重，通过构建网上学习资源，增加在线学习的环节和内容，将在线学习变成学习过程中不可或缺的一部分，帮助学生形成利用网络进行学习的概念和意识，养成利用网络进行学习的习惯；另一方面，要鼓励和引导学生通过互联网加强学习互动、提高学习质量，互联网的平等、开放、去中心化的特征，给学生带来了自由表达观点和看法的渠道，学校要主动引导学生利用互联网平台与教师进行交流和互动，在这种交流的环境下，学生的真实感受和想法会充分表达出来，学生群体中存在的思想问题也会暴露出来，便于及时发现和解决学生群体中的各种危机，增强高校德育实践活动的针对性和实效性。

2."互联网+"能力的提高

"互联网+"是一种能力，这种能力不仅是对互联网高速发展过程中所诞生的新兴信息技术的掌握，更是一种利用互联网与传统行业融合发展产生新业态和新活力的能力。当前，高校德育实践中依靠互联网平台开展的德育活动越来越多，"互联网+德育"已经成为高校德育实践创新的重要途径，"互联网+"能力的提高成为保证高校德育实践工作质量和德育实践活动效果的重要手段。高校德育实践活动中，教师不仅要熟悉和掌握"互联网+"时代新兴的信息技术，更要学会将这些新兴的信息技术与德育实践过程连接起来、融合进去，催生德育实践的新面貌和新活力。

（1）"互联网+"信息技术的掌握

对"互联网+"信息技术的掌握是高校德育实践创新的基础。"互联网+"信息技术是互联网快速发展过程中产生的新兴信息技术，如大数据、云计算、新媒体技术等，这些新兴信息技术是高校德育实践创新的媒介、工具和手段。高校德育工作者如果不掌握这些技术，就如同战场上没有了武器，工作中失去了载体，也就失去了德育过程中的主动权和话语权。因此，对"互联网+"信息技术的掌握显得尤为重要，学校要组织教师队伍加强对新兴信息技术的学习，教师通过学习要基本了解和掌握互联网新兴信息技术的功能、特性和原理，能够自主利用新兴信息技术设计德育过程，制作德育资源，完成德育实践，同时，还要紧跟时代要求，不断提高自身网络素质，及时更新网上教育内容，使用学生喜闻乐见的形式，赢得学生的喜爱，从而达到较好的教育效果。

（2）"互联网+"思维能力的提高

简单说来，"互联网+"的"+"就是连接与融合，这也是"互联网+"的创新驱动能力之所在，利用互联网新兴的信息技术与传统行业的连接和融合，能够激发传统行业的新活力。随着互联网的快速发展，越来越多的新兴信息技术让人目不暇接。即使教师对互联网的特性比较熟悉，能够逐步学习和应用这些互联网技术，但长久以来他们没有形成利用互联网来辅助教学和管理的意识和能力，所以相对互联网的高速发展，教师相关素质和能力就显得力不从心，年轻教师尚且如此，更不用说其他的教师了。要把握"互联网+"时代的技术红利，教师不仅要勤于学习新的互联网信息技术，更重要的是要有意识、有能力将这些信息技术与德育实践环节连接起来、融入进去，不仅仅是技术的连接、服务的融合，更是资源的连接、过程的融合。

高校德育实践过程中，教师要学会借助于新媒体技术，收集、制作和发布内容健康、形式多样的德育内容和教学资源；要学会利用大数据的分析功能，对学生的发展状态进行监控、预警和干预；要学会利用即时通信技术的优势，加强师生的实时指导、在线互动，实现真正的平等对话和有效交流，提升德育实践的效果。总之，"互联网+"时代信息技术的发展从来都是日新月异、层出不穷的，但不管技术如何更新和变化，高校教师只要拥有了"互联网+"思维能力，就总能够针对新技术在高校德育实践过程中找到新的连接方法和融合渠道。

3."互联网+"秩序的治理

"互联网+"时代高校德育实践的创新，可以说既是高校德育实践的无奈之举，又是用心之举。之所以说是无奈之举，是因为互联网的快速发展深刻地改变了高校德育实践的内、外部环境，并深深地影响了德育实践的效果，高校不得不利用互联网、融入互联网，以求德育实践的实效性。用心之举，是符合高校德育实践"因事而化、因时而进、因势而新"的内在要求的，是高校主动应对形势的变化，不断改进德育实践活动的态度。互联网的开放性和虚拟性特征，一方面给高校德育实践创新带来了新机遇，另一方面也为德育实践效果的实现带来了新挑战。既然高校德育实践活动要连接互联网、融入互联网，就必须建立互联网德育实践的新秩序和新规范。

（1）纪律约束

这里讨论的纪律约束主要是指对高校德育实践过程中教师主体的约束。互联网海量的信息资源和多元的价值观念对学生的成长、发展产生了巨大的冲击，以学生的知识和阅历储备，他们一般很难判断和抵御互联网上某些低级、负面甚至反动的不良信息的危害。这时就需要教师对这些信息做出判断和筛选，对学生进行正面的引导和教育。教师在互联网德育实践过程中的作用显得尤为重要，然而，互联网是一个开放、自由、虚拟性很强的空间，不仅学生能隐藏自己的真实身份自由发布观点和意见，教师也有这一可能。教师可能平日里碍于在公共场合的身份，无法跟学生抱怨、宣泄情绪，在互联网上却较多地发表个人的情绪和不满，这样一来，教师在互联网上"过滤器"的作用不但没有发挥，反而形成了负面的作用。因此，对教师利用网络开展德育实践活动要进行严格的纪律要求，可以适当地对教师的网络身份进行监控，督促这些德育实践环节的"抓手"真正地尽其职，发挥正面的教育和引导作用。

（2）诚信树立

"互联网+"时代，对于社会诚信（考验个人道德）和职业诚信（考验行业伦理和管理者道德）的要求的确比无网时代更高，因为网络兼具揭露欺骗和迅速传播真相的功能。利用互联网进行高校德育实践创新，信息化的手段将被广泛地应用于学生教育、管理、服务的各个环节，以往凭借经验和感觉来掌握学生成长过程的教育状态发生了巨大的改变。学生的成长过程和状态更多是通过客观的数据，以量化和可视化的方式呈现在教师面前，这些数据则成为德育实践过程中决策的重要依据。然而，在互联网的面纱保护下，学生诚信的部分缺失让成长过程中采集到的客观数据并不真实，比如，学生自己填写的个人信息存在不实，学生利用他人的互联网身份进行活动，与教师的网络互动隐藏自己的真实想法，利用网络学习的漏洞逃学，等等，这些不诚信的举动可能让学校和教师获得错误的分析信息，影响对学生成长状态的判断。所以，学校要进一步加强学生的诚信教育，通过建立征信系统，建立信用档案，采集、客观记录学生信用信息，并与其校园学习、生活挂钩，培养诚信意识和契约精神，健全守信激励和失信惩戒机制，使

守信者受益、失信者受限，让诚信成为共同的价值追求和行为准则，切实保证高校德育实践创新中的数据权威和实效性。

（3）言行规范

"互联网＋"时代连接一切、开放自由的特性，决定了每个个体既是信息的接收者和传播者，又是信息的生产者和发布者，个体自由度的放大激发了个体信息生产和传递的积极性，促成了海量信息资源的生成。同时，无限的自由也就减少了对个人行为的监督和社会公德的约束，互联网上言行失范、网络暴力的现象比比皆是。这种现象在青少年学生中尤为严重，学生处于价值观念尚未成熟时期，情绪易激惹且容易受到外部环境的干扰，如果没有互联网的言行规范，网络德育实践的效果实在令人担忧。高校应制定详细的学生网络行为规范，对学生在互联网上的语言和行为规范进行明确的规定，引导学生在互联网生活中强化自律意识，甚至可以将相关的管理规定写入学校学生管理办法中，加大对网络言行失范的监控和处罚力度，以培养和建立学生网络行为自律的制约机制。此外，通过在校园里广泛地宣传良好的互联网公德规范，对学生在互联网上的言行失范进行监督和批判，共同营造文明健康的网络空间，方能建立一个良好的互联网德育实践环境。

（二）优化"互联网＋德育"载体以提高德育实践之有效性

"互联网＋"时代高校德育实践的优化重点是研究和解决如何保证高校德育实践的有效性。随着信息技术的飞速发展和互联网的广泛应用，社会运行面貌改变的同时，也改变着学生学习、生活、娱乐等行为方式。学生的学习习惯、方式、途径都发生了巨大的变化，更多的互联网元素根植到学生的脑海当中，彻底改变了他们的审美标准，传统的德育模式更加难以讨学生喜欢，直接影响到德育实践的效果。"互联网＋德育"体系的优化就是要将"互联网＋"时代的信息技术优势运用到高校德育实践当中，并借鉴"互联网＋"时代产业发展的经验和模式，找到高校德育实践的新方法和新路径，不断提升德育实践的新活力，从而提高德育实践之有效性。

1. "O2O模式"增强德育课程的吸引力和实效性

一直以来，高校德育课程力求能够牵引学生按照课程指导的方向开展学习，然而随着互联网发展对世界的改变，传统课程的吸引力大大降低，德育课程的实效性岌岌可危。高校德育课程的组织形式、资源建设都亟待顺应时代发展的潮流，做出积极的回应和改变。O2O（即 Online to Offline，线上到线下）是"互联网＋"时代广泛流行的商业概念和模式，它将线下的商务机会和互联网结合，使互联网成为线上和线下交易的平台，大

大增加了商务机会。构建德育课程"O2O模式"是充分利用互联网连接一切、开放融合、海量信息等优势，运用云计算和云平台技术建设在线德育课程，创建线上和线下交叉互动的新型学习方式，构建丰富、生动的德育课程资源，及时整合、反馈学习评价，切实推进德育课程向更加人性化、个性化和实效性方向发展。

（1）构建人性化的学习内容

高校德育课程"O2O模式"的创新重点之一是，解决传统课程的内容和形式已无法满足学生日益改变的认知需求的矛盾。随着"互联网+"时代的到来，人们的行为方式、生活习惯都发生了前所未有的改变。在高校，学生的认知规律和学习习惯也发生了巨大的变化，传统的德育课程内容越来越不适应这种变化。"O2O模式"的德育课程内容建设主要是依靠新兴的信息技术，对德育内容和资源"新瓶装旧酒"，让德育资源以崭新的面貌出现在学生面前，并利用云计算和云平台技术将德育内容放在互联网上，供学生随时随地自主选择学习，更加能够调动学生的学习兴趣和热情。

第一，丰富、生动的德育内容构建。传统德育课程的内容大多给学生古板和说教的印象，特别是伴随着互联网海量信息资源和多元文化的爆发式增长，学生接触到的各种信息越来越时尚、生动，传统德育课程的内容更加无法讨学生喜欢。"O2O模式"的德育课程内容建设充分利用新兴信息技术的优势，将德育内容重新包装。

第二，切合学生学习习惯的德育内容建设。随着互联网学习功能的不断强大，以往以教师为中心的学习方式被彻底改变，学生可以利用网络随时随地进行自主学习。"O2O模式"的德育课程内容建设遵循学生去中心化、碎片化的学习习惯，将德育课程内容按照知识点切割为若干部分，方便学生随时随地利用互联网学习，对零碎学习时间的利用可以大大提高学习效率。同时，被拆分的德育内容都以短小的音视频面貌出现，也切合了互联网学习中学生无法长时间集中注意力的特点，有效地保证了学习的效果。

第三，人性化的德育资源选择。"O2O模式"的德育课程内容建设注重线上和线下德育资源的相互补充，教师在网络课程上提供与课堂教学相匹配的教学资源、课件、电子图书、音视频等，学生可以根据自身的学习特点和喜好选择德育内容和学习方式，分配线上学习和线下学习的比重，这种人性化的德育资源选择更加适应学生的学习规律，在德育内容的掌握过程中能够得到更加理想的效果。

（2）满足个性化的学习需求

高校德育课程"O2O模式"是将传统的德育课程教学从线下转移到线上，以传统的德育课程为基础和指导，用信息技术的方式进行包装。线上和线下学习的互补，能更大地增强学生学习的自主性，学习路径和进度的选择也能更加尊重学生个体的实际情况，

从而可以提高学习的活力和效率。

第一，学习路径个性化。德育课程"O2O模式"是传统课堂的标准化教学向学生个性化学习的革命性转变。每个学生的知识基础、思维能力和学习兴趣都不尽相同，这正是因材施教的原因所在。"O2O模式"的课程教学将丰富多样的课程资源配置于"云端"，教师会制订共性的学习目标和要求，而不会像传统课堂教学的标准化要求那样限定统一的学习步调，学生的学习自主性得到很大的提高。教学过程允许学生根据自身的兴趣喜好、学习习惯、能力基础等个性化差异，设计和选择自己的学习时间、学习地点和学习方案。这种德育课程教学模式彻底改变了传统德育课程在学生心目中的面貌，打破了以往学生在德育课程中的被动局面，他们可以自主选择学习顺序和学习路径。个性化学习需求的满足和个体差异得到尊重，更大限度地提高了学生的学习兴趣和课程教学的效果。

第二，线上和线下良性互补。德育课程"O2O模式"是典型的混合式教育模式，线上和线下的学习都是德育课程学习的核心部分，线下教师和学生面对面的内容讲授与线上的课程自学形成相互补充。"O2O模式"打通线上和线下课程内容的信息和体验环节，不仅给学生的学习带来了更多的选择，也为教师对德育课程的设计带来了更多可能。教师可以安排学生在课前通过线上自主学习完成指定的部分学习内容，这样线下的课堂教学中就能够引入更多的师生互动环节，更加有利于德育课程的教学质量的提高。

（3）全方位的互动学习评价

德育课程的教学最终要落实在学生对德育内容学习和领会效果的把握上，传统的德育课程，教师在课堂上讲授，无法及时掌握学生的学习效果，也了解不到学生的学习差异，课程结束时的考试或论文更无法准确地反映学习效果。"O2O模式"的德育课程利用互联网信息化的管理优势，既可以对学生的学习轨迹进行跟踪、对学习效果及时评测、对学习过程智能辅助，还能完成师生一对一的及时互动，全方位的学习过程评价大大提高了德育课程的实效性。

"O2O模式"的德育课程让学生能够根据预先设计好的学习流程，在学习系统智能分析的指导下逐步完成学习内容。系统会及时通过测试工具和手段显示学生的学习效果，并给出下一步的学习计划，保证每一名学生线上学习的逻辑性。教师可以根据课程情况安排线上和线下的学习内容，通过线上信息化的学习记录系统，准确地把握每一名学生的学习进程和轨迹，了解学生的学习习惯和共性的问题，在线下课堂教学中有针对性地进行教授并解决。此外，学生在线学习的数据"留存"不仅是对学生学习过程的监督和评价，更为师生的互动交流搭建了平台。传统课堂一对多的讲授模式下，大多数学

生都无法与教师进行一对一交流，德育实践的效果也大打折扣，而线上学习打破了时间和空间的限制，给师生交流更多的开放性和自由度，敞开心扉的师生互动更加符合德育实践活动的本质要求，使德育课程内容的传授、学习和体验效果都大幅提升。

2. 新媒体平台凸显德育实践的话语权和感染力

随着"互联网＋"时代的到来，人们对互联网的依赖度越来越大，传统媒体在人们生活中的比重越来越小。特别是在思维最活跃、学习能力最强的高校师生群体中，传统媒体的使用范围和影响力越来越小，高校师生成为最积极和最广泛使用新媒体技术的群体。高校德育实践活动中，德育环境对德育实践效果的影响举足轻重，德育环境潜移默化地对学生的思想品德、道德素养和行为规范起着渗透、引导和规范的作用。"互联网＋"时代，新媒体技术广泛替代传统媒体以及深刻影响学生操行的趋势，使新媒体平台成为德育实践的重要载体和媒介。如何利用新媒体技术加强高校德育新媒体载体的建设，提高高校德育工作在学生互联网生活中的话语权和主导权，提升高校德育实践活动的感染力，成为高校德育实践创新的关键点。

（1）德育载体的新选择

"互联网＋"时代，在万物互联、跨界融合的政策指引和市场选择中，人们的生活方式发生了巨大的变化，越来越多的现实生活被更加便利、时尚的互联网方式取代，当我们认真地观察和总结自己的生活时，就会发现诸如传统的报纸、书籍、杂志、宣传栏等都有了互联网的替代产品。在高校，随着移动通信技术和互联网技术的发展，学生利用移动互联网终端更加便利，他们获取信息、休闲娱乐、人际交往都可以利用手机等移动终端完成，于是学生普遍成为"低头族"，走到哪里都在看手机，就算没事也要把手机拿出来按两下，可见互联网几乎已经成了学生知识积累、思想成长的最主要平台。高校德育实践中的传统载体已经无法满足学生成长的需要，新的德育实践载体呼之欲出，利用"互联网＋"时代的新媒体技术加强德育载体建设是最能保证高校德育实践效果的选择。

当前，新媒体平台已经成为学生最喜爱的成长环境，高校加强新媒体德育载体建设要准确把握学生的特点及喜好，到学生活动最频繁的区域和地带，以学生最喜闻乐见的媒介方式，潜移默化地影响和引导学生成长。首先，互联网移动终端、手机客户端及应用程序（App）成为学生互联网生活的重要媒介，学生已经习惯了利用这种形式和面貌的工具生活、交流。高校德育实践进网络要抓紧德育主题应用程序的建设，将德育内容通过学生喜爱的学习方式和渠道展现出来，更加有利于增加学生对学习内容的好感。

其次，如今，以微信、微博、QQ 空间等自媒体为代表的新媒体平台，几乎成为学生表达观点、分享心情、人际交往、休闲娱乐等诉求的主要载体，学生的思想在这些平台上汇集、交流、发展、定型。高校要抓住这一难得的自然形成的学生网络生活集散地，建立学校的官方微信公众号、微博和 QQ 空间等，通过这些新媒体手段将德育内容包装成为学生愿意接近、了解和认可的模样，方能使德育实践具有真正的吸引力和感染力。

（2）话语争夺的新阵地

话语权的争夺主要就是解决如何吸引学生关注和学习德育内容的问题，树立学校主流德育思想对学生德育的主导权。新媒体平台作为德育实践的重要载体，必将成为高校德育话语权争夺的主阵地。新媒体平台上，德育实践话语权的争夺要从两个方面来着手，也就是"引得来、留得住"的问题。

首先，如何将学生吸引到高校建立的新媒体平台上来。高校应加强"互联网＋德育"载体建设的探索与创新，最大限度地将学生吸引到校园新媒体平台上来。一方面，高校要推进在学生已经固有的新媒体生活平台上搭建德育实践载体，学生在哪里，高校德育实践的触角就伸到哪里，学生在日常生活中寻找自己感兴趣的内容时，多少会浏览到主流的德育内容，让德育实践的声音无处不在；另一方面，高校对于新媒体德育实践载体的建设，也要有智慧、有计划、有方法地采用引导和制约机制。

其次，如何将学生稳定地留在新媒体德育平台。新媒体德育平台最显著的特点就是改变了以往德育工作的面貌，将原来的道德说教变成一种媒体环境和文化，通过环境和文化的营造，让学生自主选择教育内容，通过新媒体达成师生的平等对话和互动交流，有效提升德育实践效果。高校加强新媒体德育平台的建设：第一，要在尊重学生个性发展的基础上，不断提升网络德育文化的品质和厚度，学校的官方微信公众号、微博和 QQ 空间等新媒体平台上的内容建设要多些诚意、更接地气，让学生对主流媒体的阅读更加轻松、倍感亲切；第二，要有意识地培养师生员工成为校园里的网络"大咖"和意见领袖，充分发挥微博、微信和客户端的引导作用，在新媒体的环境下有计划地开展德育话题的讨论并解答问题，掌握了新媒体平台的话语权，就掌握了德育实践的主动权和主导权；第三，引导师生员工对主旋律的德育内容进行广泛的评论、点赞、转发，营造风清气正、心灵共鸣的新媒体网络环境，学生在新媒体平台上有收获、有感触，他们自然就会经常浏览这些微博、微信公众号、QQ 空间等。

（三）创新"互联网＋管理"流程以提升德育过程之科学性

"互联网＋"时代高校德育实践创新是新一代的互联网信息技术融入高校德育过程

中，对学生教育管理服务的理念、方式、方法的全面优化和转型，其实质是要通过教育管理服务方式和流程的再造，重点解决高校德育过程中管理组织头绪较多、流程较长、决策效率较低的问题。运用互联网新兴的信息技术实现学生教育管理服务的信息化，不仅使德育过程更加规范和高效，而且让德育组织过程中的决策更加精准、有说服力，能切实提高高校德育实践过程的科学性。

1. 信息化管理实现德育过程的规范化和管理服务的高效性

借助于互联网信息技术实现高校教育管理服务的信息化，不仅能够实现高校德育过程的规范化，而且更加契合时代特点和学生的需求，保证管理服务的高效性。

（1）德育过程的规范化

高校德育实践的创新从来都是应该围绕学生的特点和需求开展的，"互联网＋"时代学生生活方式网络化、信息化的特点决定了高校德育实践要以信息化的方式不断提升德育效果，而信息化管理服务过程也使得德育过程更加的规范。信息化的管理服务改变了以往依靠人工进行管理的方式，信息技术的介入使德育过程更加科学，学生在德育过程中的成长痕迹被详细记录、清晰可见，德育过程更加的严谨和规范。

高校要顺应时代的发展，以互联网新一代信息技术为依托，不断加大信息化教育管理服务平台的建设，创新学生德育管理服务的职能和手段，切合学生的时代特点和成长习惯，将"管理服务育人"落到实处。高校应通过建立信息化的学生教育管理服务系统，将学生行为教育管理从现实生活中搬到互联网空间里，利用互联网信息技术的优势，尊重学生习惯和热衷的方式，建立学生操行管理信息平台，对学生的成长过程进行监督和规范，以一种无时无刻不在的环境压力对学生的成长轨迹进行规范。如利用指纹识别和人脸识别等个人体征识别技术建立课堂学生电子身份签到和网络学习痕迹管理系统，利用手机 GPS 模块定位技术建立学生行为轨迹监控管理平台等，对学生的学习、生活轨迹进行指导，把握学生成长的正确方向；又如建立学生信息管理系统，详细记载大学期间个人的信息和成长记录，每年都有严格的审查和登记，学生每年要进行自我小结等，这些信息化的管理服务方式既规避了以往学生的不诚信行为，又切实培养了学生的独立意识和契约精神。当然，高校在运用先进信息技术对学生的行为进行管理的过程中，也要把握好度，既要规范管理，又要注意对学生隐私的保护。

（2）管理服务的高效性

高校德育实践创新的信息化管理方式克服了学生教育管理过程中人为因素的影响，让德育过程更加规范。同时，信息化的教育管理服务过程让德育过程更加人性化，成功

规避以往管理服务中层级多、人员杂、内耗大的问题，让管理服务过程更加务实和高效。"互联网+"连接一切、尊重人性的管理思维，实质上是带给人们一种去中心化、扁平化的管理方式，对于传统的管理理念而言，尽管去中心化和扁平化看起来是一种比较"叛逆"的决定，然而这是符合"互联网+"时代的潮流的，是不可逆的革新过程。

高校德育实践创新要充分把握时代的特征和潮流，尊重学生的特点和需求，改变以往的教育管理服务理念，尽可能地减少不必要的管理层级，依靠互联网信息技术的强大计算处理和记忆功能，建立丰富、立体的学生自助管理服务系统。管理层级的压缩规避了复杂的人际关系，减少了不必要的内耗，通过人机对话的管理服务，切实让管理服务过程缩短、效率提高。如建立学生自助报到系统、证书证明打印系统、学业管理系统等，让学生从进校就开始学会自助服务、自主教育、自我管理；又如利用微信、QQ、微博等新媒体技术实现学生网络查寝、网上投票等教育管理功能，不仅大大减少了德育实践中人员的工作负担，提高了管理服务环节的效率，而且符合学生喜好的媒体方式也增强了高校德育实践的亲和力，切实提高了德育实践的实效性。

2. 大数据分析保证德育过程的精细化和准确性

"互联网+"时代的到来，让人们的各种行为活动都与互联网有着密不可分的联系，在高度发达的信息技术的支持下，几乎人们生活中的所有活动都能以数据的形式被反映、采集和分析。每一名学生的学习、生活、实践、娱乐等行为信息都能够以数据的形式被学校动态采集和掌握，通过科学、快捷的数据分析反映出学生的行为和思想状态，在高校德育实践过程中提供及时的预警和提醒，保证德育过程决策的精准性。同时，高校可以通过构建数字化的分析模型，利用互联网信息技术强大的计算功能和智能化的分析功能，对学生成长过程中的状态进行筛查、分析和处理，数字化模型的智能辅助功能真正成为高校德育实践的智库，切实保障德育过程的精细化和准确性。

（1）大数据分析驱动德育过程的精准决策

当前，随着我国社会信息化程度的不断深入发展，绝大部分高校都已经启动了校园信息化的建设，诸如校园一卡通、教育管理服务信息系统等一系列的信息化建设项目，为高校德育实践创新提供了有力的基础保障。高校应该进一步利用"互联网+"时代的思维和技术优势，深入推进学生校园行为数据的采集工作，依靠权威的数据支持，通过智能化的大数据分析功能，为德育过程的精准决策提供可靠依据，彻底改变高校德育实践过程中学生教育管理"凭感觉、靠经验、等报告"的被动局面。

首先，构建可靠、动态、互通的学生行为基础数据库。学生行为基础数据库是大

数据分析的源头，高校要从学校整体发展战略的高度树立大数据的思维，打通和连接校园内部的"信息孤岛"，确保学生行为数据库的唯一性和权威性，从而保证大数据分析的准确性。学校要加大基础数据采集平台的建设，及时对学生的行为数据进行采集、存储、更新和整理，保持动态、有活力的数据采集，才能保证基础数据库的有效性。学校要统一思想、统一步调，实现学生学习、生活、实践、娱乐等各个方面的数据纵向互通、横向互联，学生全部行为数据的互通与互联方能实现学生在校行为数据的整体性。

其次，构建及时推送的智能分析与预警系统。数据分析和决策辅助才是大数据的核心价值所在。可以说，"互联网＋"时代学生的一切行为都能够以数据的形式被描述，以往高校德育实践中对学生行为的粗放管理，不仅使学生成长中的诸多困难和隐患较难被及时发现，而且德育工作者往往通过学生的报告和个人的经验采取相应的干预，教育效果不甚理想。高校应充分利用大数据技术的优势，建立智能分析与预警系统，依托可靠、动态、互通的学生行为基础数据库，把学生的个人基本信息数据、学习行为数据、日常操行数据等大数据进行联系、对比、分析，发挥学生个人成长数据的整体效应，全面、准确地反映学生行为和思想的真实状态，让概念化的学生行为表征向可视化转变，让经验主义的决策向数据化、可靠性决策转变。同时，高校应完善智能分析与预警系统的及时推送功能，将分析结果和预警信息第一时间推送至家长、师长、同学等与学生个人成长相关联的德育工作队伍，实现学生个人成长过程的动态监控与干预，真正让每一名学生的成长都有陪伴和关心，保障学生健康、积极地成长和发展。

（2）数字化模型彰显德育智库的科学力量

"互联网＋"时代高校德育实践创新的核心思路就是运用互联网信息技术，对学生的成长和发展状态进行准确的把握，利用云计算、大数据的记忆存储和智能分析的功能，将高校德育实践过程数字化、标准化，减少德育工作者的负担和压力，提升德育实践工作的精细化和准确性。高校德育实践活动的规律性与互联网信息技术的智能化相结合，使德育实践工作的智库建设成为可能。

高校应大力构建一系列的德育实践数字化模型，这种德育实践过程中的管理模型和决策模型的构建，实际上是建立一种科学化、标准化的操作流程预设。数字化模型的构建是针对学生可能存在的经济困难、学业困难、心理困难、校园安全等常见的问题，从学生成长的数据库中提取相对应的行为信息,综合分析后对学生状态进行如实的反映，并提供相应的干预和解决方案。如此一来，德育工作者就能够在学生成长和发展的不同节点，针对学生群体或个体发展的某个方面，就如同选择套餐一般，运用构建的数字化模型对学生的状态进行准确把握，并依照数字化模型提供的干预及解决方案，完成对学

生的德育实践活动。高校德育实践活动的规律性使这种数字化模型具有广泛的适用性和推广价值，成为高校德育实践活动中强大的智库，供德育工作者针对共性的问题和隐患在不同的学生个体中选择使用，辅助学生个性问题和困难的解决。

参考文献

[1] 刘忠孝，陈桂芝，刘金莹.高校德育论 [M].哈尔滨：黑龙江人民出版社，2019.

[2] 李刁.互联网＋时代高校德育实践创新研究 [M].武汉：华中师范大学出版社，2019.

[3] 李宝银.高校德育成果文库 文明之路 福建师范大学文明校园创建纪实 [M].北京：光明日报出版社，2019.

[4] 李卫东.地方院校德育研究 第 11 辑 用习近平新时代中国特色社会主义思想引领高校德育 [M].武汉：武汉大学出版社，2019.

[5] 朱美燕.立德树人 高校生活德育实践 [M].上海：上海交通大学出版社，2019.

[6] 陆世宏.语言文化特色育人中的高校党建与德育工作 [M].北京：人民日报出版社，2019.

[7] 邓军彪，李玲.民族地区高师院校德育工作新探 [M].桂林：广西师范大学出版社，2017.

[8] 曲华君，罗顺绸，钟晴伟.德育教育与创新能力发展 [M].北京：中国财富出版社，2019.

[9] 吴巧慧.应用型大学德育的创新与实践 2018[M].北京：北京交通大学出版社，2019.

[10] 吕开东.新时代高校思想政治教育工作探索 [M].北京：光明日报出版社，2019.

[11] 崔戴飞，徐浪静.高校德育成果文库 思政活动课程建设案例集 有爱篇 [M].北京：光明日报出版社，2020.

[12] 杨福荣，邰蕾芳.中国传统文化与大学生德育教育研究 [M].西安：西安交通大学出版社，2017.

[13] 王春刚，王凤丽.来华留学生德育研究 [M].北京：知识产权出版社，2020.

[14] 赵巧玲，宗晓兰.高校实践育人研究 [M].长春：吉林人民出版社，2020.

[15] 姚上海.高校大学生思想政治教育创新案例研究 [M].北京：光明日报出版社，2020.

[16] 万生更 . 构建以社会主义核心价值观为引领的大中小幼一体化德育体系研究 [M]. 西安：陕西人民出版社，2020.

[17] 韩芳 . 高校体育教育立德树人协同发展研究 [M]. 北京：中国商务出版社，2020.

[18] 王仕民 . 德育研究 第 4 辑 [M]. 广州：中山大学出版社，2017.

[19] 杨涵，刘巧芝 . 立德树人 育新时期高职大学生 新疆高职院校德育创新实践研究 [M]. 天津：天津大学出版社，2017.

[20] 陈华栋 . 课程思政 [M]. 上海：上海交通大学出版社，2020.